Kate Rose
Die drei Lieben deines Lebens

Kate Rose

Die drei Lieben deines Lebens

Zwillingsflamme, Seelenpartner
und karmische Liebe
Auf dem Weg zur wahren Liebe

Aus dem Englischen von Julia Sailer

Ansata

Die Originalausgabe erschien 2020 unter dem Titel
»YOU ONLY FALL IN LOVE THREE TIMES« bei TarcherPerigee,
an imprint of Penguin Publishing Group, a division
of Penguin Random House LLC.

Die in diesem Buch vorgestellten Informationen und Empfehlungen sind nach bestem Wissen und Gewissen geprüft. Dennoch übernehmen die Autorin und der Verlag keinerlei Haftung für Schäden irgendwelcher Art, die sich direkt oder indirekt aus dem Gebrauch der hier beschriebenen Anwendungen ergeben. Bitte nehmen Sie im Zweifelsfall beziehungsweise bei ernsthaften Beschwerden immer professionelle Diagnose und Therapie durch ärztliche oder naturheilkundliche Hilfe in Anspruch.

Sollte diese Publikation Links auf Webseiten Dritter enthalten, so übernehmen wir für deren Inhalte keine Haftung, da wir uns diese nicht zu eigen machen, sondern lediglich auf deren Stand zum Zeitpunkt der Erstveröffentlichung verweisen.

Penguin Random House Verlagsgruppe FSC® N001967

INHALTSVERZEICHNIS

BRIEF AN DIE LESERIN

Meine liebe hinreißende, wilde Frau,

hast du dich vielleicht schon mal gefragt, warum du deine ewige Liebe immer noch nicht gefunden hast?

Erst wenn du alles Nötige darüber gelernt hast, was Liebe *nicht ist*, wirst du bereit sein, zu erfahren, was sie *ist*. Erst dann wirst du der Person begegnen, die mutig genug ist, dich genau so zu lieben, wie du bist.

Vielleicht lernst du diesen Krieger mit dem wilden Blick bei einem Glas Sweet Whiskey kennen, oder es ist eine Zufallsbegegnung, wenn der örtliche Barista deinen doppelten Cappuccino mit dessen Mocha Grande verwechselt. Vielleicht hast du ihn schon einmal getroffen, aber die Zeit musste erst Berge versetzen, um den Moment zu erschaffen, in dem du ihn endlich als den sehen kannst, der er wirklich ist ...

Wann auch immer dieser Moment eintritt: Du wirst ihn erkennen.

Es lag nicht daran, dass du zu weiblich warst, meine Liebe, sondern daran, dass du zu viel warst für jemanden, der noch nicht erkannt hatte, dass er genug ist.

Wenn du diesen Mann kennenlernst, der mutig genug ist, dich zu lieben, meine liebe hinreißende, wilde Frau, wirst du dankbar sein, dass es bis dahin mit niemand anderem funktioniert hat.

Und nicht nur das: Du wirst begreifen, dass jede vorausgegangene Liebesgeschichte ein Polarstern war, der dich in seine Arme geführt hat, denn die meisten von uns sind einfach noch nicht bereit dafür, dass ihre erste Liebe auch ihre letzte ist. Genauso wenig ihre zweite Liebe. Bei jeder dieser Beziehungen haben wir das Gefühl, eine Trennung würde uns das Herz brechen. Doch nach einer Weile wird uns plötzlich klar, dass der andere gar nicht der passende Partner war, sondern unser Wunschdenken ihn nur dazu gemacht hat.

Du bist oft genug gegen Mauern gerannt und hast den kalten Luftstoß verspürt, wenn man dir die Tür vor der Nase zugeschlagen hat. Deshalb verstehst du, dass du nur die Liebe verdienst, die dir auf halbem Weg entgegenkommt. Denn nur, wer mutig genug ist, eine Frau wie dich zu lieben, hat deine Liebe auch verdient. Du bist einzigartig und besonders in deinem Gewitter an Widersprüchlichkeiten. Lass dir von keinem etwas anderes erzählen.

Es ist magisch, wie du Alltägliches in Schönheit verwandelst.

Ein einfaches Lächeln von dir kann Knie weich werden und Herzen erbeben lassen. Es ist nicht deine Schuld, dass alle Männer bisher einfach zu sehr in ihren eigenen Stürmen gefangen waren, um dich wirklich wahrzunehmen: In Wahrheit waren deine vorherigen Beziehungen gar nicht für die Ewigkeit bestimmt.

Du bist eine Frau, die jeden Morgen in der Zitronenessenz der Hoffnung badet und sich von den Fehlern des Vortags reinwäscht, um sich den Herausforderungen des kommenden Tages zu stellen.

Du bist eine Frau, die im Regen tanzt, während an deinen Fersen noch der Sternenstaub funkelt, vom letzten Mal, als du deinen waghalsigen Träumen gefolgt bist.

Du wusstest schon immer, dass du für die Liebe bestimmt bist. Und wenn du zufällig auf den Mann triffst, der einfach nicht genug von dir zu kriegen scheint, wirst du erkennen, dass er den Mut hat, der allen anderen Liebhabern gefehlt hat.

Vielleicht wird dieser Mann nicht aussehen wie der Krieger, nach dem du suchst. Möglicherweise ist er ausgelaugt von all den Tränen, die auf seiner eigenen Reise geflossen sind. Doch was er dir zeigen wird, ist die Unerschrockenheit eines Mannes, der die Intensität deines Blicks nicht fürchtet.

Er wird sich nicht abschrecken lassen, und er wird nicht zulassen, dass du dich aus der Liebe herausredest, denn dieser Mann wird sein Leben lang von genau so einer Frau wie dir geträumt haben.

Dieser Mann, dein Krieger, deine Zwillingsflamme, wird dir nicht nur klarmachen, warum er deine dritte Liebe sein muss, sondern auch, warum die anderen vor ihm kommen mussten und warum jede einzelne Träne, die du wegen der Liebe vergossen hast, ihren Sinn hatte.

Denn manchmal begegnen wir jemandem, der uns dazu bringt, die Regeln der Liebe über Bord zu werfen.

Du wurdest als jemand, der anders ist, in eine Welt geboren, die das Ähnliche zelebriert. Und obwohl es dir immer schwerfiel, deine Einzigartigkeit anzuerkennen, wirst du, wenn du diesen Mann kennenlernst, endlich den Grund dafür verstehen. Es lag nie daran, dass du wie alle anderen bist oder eben nicht; auch nicht daran, dass du es nicht wert bist, geliebt zu werden. Denn alles, was du brauchst, meine liebe hinreißende, wilde Frau, ist ganz einfach ein Mann, der mutig genug ist, eine Frau wie dich zu lieben.

Zweifellos bist du auf Männer gestoßen, bei denen du überlegt hast, ob sie die Richtigen sind. Oder du warst mit jemandem im Bett und hast dich danach gefragt, ob es besseren Sex geben mag. Vielleicht gab es solche, die dich deinen Glauben vergessen ließen, dass es mehr im Leben geben könnte, als sich gut zu benehmen, um von anderen akzeptiert zu werden.

Vielleicht hast du von der Liebe gekostet, aber die Liebe hat dich, bis jetzt, niemals verschlungen.

Und auch wenn du dich nicht danach sehnst, dich in deinem Geliebten aufzulösen, wünschst du dir in Wahrheit, hingerissen zu werden, die Liebe bis in die Knochen zu spüren und die Ekstase der Freiheit mit jeder Faser deines Körpers zu genießen.

Die Sache ist die, meine Liebe, dass du alles willst.

Du willst eine Liebe, die die Zeit anhält – eine, die dich so schnell herumwirbeln lässt wie die Sterne über dir. Doch sie muss sich Zeit lassen wie dickflüssiger Honig und ebenso köstlich schmecken. Diese Liebe muss stark sein und trotzdem sanft genug, um dich in deinen schlimmsten Zeiten zu trösten. Du willst wissen, was auf dich zukommt, und doch sollte es Momente geben, die so unerwartet sind wie Sternschnuppen, die am dunklen Nachthimmel aufblitzen.

Wer hat dir überhaupt erzählt, dass es falsch ist, alles zu wollen? Warum ist das eine unrealistische Forderung geworden? Aber die wichtigste Frage ist vermutlich: Warum hast du ihnen geglaubt?

In Wirklichkeit dauert der Weg zur ewigen Liebe länger, als wir erwartet haben.

Zu gern würde ich dir erzählen, dass es eine Liebesformel gibt, die du bloß einzusetzen brauchst, um das Glück zu finden, aber das hast du natürlich schon versucht. Ob er zwei

Jahre geblieben ist, um dann lediglich Schulden und abgetragene Sneaker unter dem Bett zurückzulassen, oder ob dich nur noch eure gemeinsamen Kinder an die vergangene Liebe erinnern: Was auch immer geschehen ist, es war die Sache wert, weil es dich zu diesem Augenblick geführt hat.

Du hast alles Mögliche ausprobiert und wahrscheinlich noch einiges mehr. Du hast alle aktuellen Selbsthilfebücher gelesen, hast Lippenstift in den neuesten Schattierungen gekauft und das farblich passende Kleid, und trotzdem gehst du Abend für Abend allein ins Bett und fragst dich, was du falsch machst und warum alle außer dir glücklich zu sein scheinen.

Nun, was wäre, wenn du eigentlich alles richtig machst?

Wenn genau diese Reise notwendig ist, nicht weil sie mühsam ist, sondern weil die schwierigste Reise, die wir unternehmen, die zu unserem Kern ist, zu unserem wahren Selbst?

Die Frage, ob du für immer allein bleiben wirst, war schmerzlich und hat dir Löcher in die Seele gebrannt. Ebenso wie die Frage, ob es irgendwo einen Mann gibt, der wild genug ist, um Punkt Mitternacht mit dir davonzulaufen, alle Bedenken von sich werfend und ein Leben vor Augen, das sich allein nach seinem – und deinem! – Herzen richtet.

Die Sache ist allerdings die: Du kannst das, was du dir wünschst, erst anziehen, wenn du dir erlaubst, zu werden, wer du wirklich bist.

Es ist Furcht einflößend, unsere dunkelsten Seiten anzunehmen; genau jene Seiten, die wir sorgfältig gefaltet in unserem Inneren verwahrt haben, weil es unhöflich war, unsere Verrücktheit auszuleben. Statt sie zu bewundern, decken wir sie zu. Wir schlucken sie hinunter, bis wir an unserer eigenen Wahrheit ersticken.

Im Grunde begraben wir nicht nur unsere besten Seiten, sondern auch die, die uns wirklich ausmachen. Denn ganz tief in uns drinnen haben wir Angst, dass uns niemand vollkommen akzeptieren und lieben kann, wenn wir einfach, nun ja, wir selbst sind.

Erst wenn du die ungezähmte Wildheit annimmst, die durch deine Adern fließt, wirst du das Licht der Seelenverwandtschaft in den Augen eines Mannes erkennen, der nach genau so einer Frau wie dir gesucht hat, auch wenn es ihm gar nicht bewusst war. Tief in dir sitzt eine Sehnsucht nach mehr, genau wie in ihm auch. Er hat sich auf die Reise gemacht und ist dem Weg durch seine ersten zwei Beziehungen gefolgt, um für dich und seine ewige Liebe bereit zu sein.

Meine liebe hinreißende, wilde Frau, bist du bereit, die Wildheit in dir anzunehmen? Bist du bereit, dich zu öffnen und von Neuem an die ewige Liebe zu glauben, trotz des Liebeskummers und all der Vernunftgründe, die dagegensprechen?

Bist du bereit, die Frau hinter dir zu lassen, die sich von den anderen sagen lässt, wie sie zu sein hat, und das Leben, das sich nach den Erwartungen der anderen richtet? Es ist Zeit, unserer Vergangenheit zu vergeben, Frieden zu schließen mit der Person, die wir waren, und mit denen, die wir geliebt haben, und uns auf den Weg ins Unbekannte zu machen. Es ist der Weg, der zu Leidenschaft und Kreativität führt, zu Spontaneität und zu der Liebe, von der wir bisher nur geträumt haben.

PROLOG

Welchen Zweck hat die Liebe?

Am Anfang denken wir, Liebe sei das, was Drachen tötet oder Dämonen betäubt – die Kraft, die wir im Schutz der starken Arme unseres Liebhabers spüren. Wenn wir älter werden und unser Herz ein paarmal angeknackst oder gar gebrochen wurde, kommt uns der Gedanke, dass Liebe womöglich nur eine Art Währung ist, etwas zum Tauschen und Handeln, während unsere wahren Wünsche rätselhaft bleiben.

Wir beginnen uns zu fragen: Existiert Liebe überhaupt?

Die Wahrheit ist: Liebe besteht aus unzähligen kleinen Augenblicken, eingebettet in das endlose Vorhaben, jemandem – immer und immer wieder – zu zeigen, dass man ihn gernhat.

Liebe(n) ist ein Substantiv *und* ein Verb. Das Wort beinhaltet die Tränen, die das Flanellshirt unseres Liebhabers benetzen, während wir uns dem Chaos des Lebens hingeben, und es beinhaltet das gemeinsame Lachen um zwei Uhr nachts, bis unsere Bäuche schmerzen, während der Rest der Welt schläft. Liebe ist sowohl Gefühl als auch Aktion, eine Art und Weise, die tiefe Leidenschaft unserer

Seele zum Ausdruck zu bringen, die wir für jemand anderen empfinden.

Doch Liebe ist noch viel mehr. Sie ist der unablässige Antrieb, ein besserer Mensch zu werden und unseren Partner zu ermutigen, es uns gleichzutun. Liebe ist das Medium, durch das wir lernen, wachsen und durch das wir uns zu einer bewussteren und schöneren Version unserer selbst entwickeln.

In Wahrheit ist Liebe das Mittel, das es uns ermöglicht, eine Beziehung mit uns selbst, den anderen und der Welt zu führen. Das Wissen, welches die Regeln für eine erfolgreiche Beziehung sind oder was für Hilfsmittel wir brauchen, um glücklich zu werden, wird uns nicht in die Wiege gelegt. Stattdessen lernen wir es auf die harte Tour. Durch *Trial* und eine Menge *Error* finden wir nicht nur heraus, was Liebe ist, sondern auch, wie es sich anfühlt, sie so authentisch wie möglich zu praktizieren.

Wir irren uns, wenn wir glauben, Liebe habe nur mit der Beziehung zu einem Partner zu tun. Tatsächlich gibt es drei Stadien der Liebe, die wir durchlaufen, bevor wir zu unserem besten Selbst gelangen. Ebenso wie wir nicht von Geburt an laufen können, sind wir selten in der Lage, schon in der ersten Runde aus ganzem Herzen und für immer zu lieben. Stattdessen müssen wir Traumata, Zeiten der Traurigkeit und die Begehrlichkeiten unseres Egos durchleben, um unsere Vorstellung von Liebe zu transzendieren und ihr wahres Wesen zu entdecken.

Manchmal frage ich mich, ob ich meinen dritten Partner überhaupt kennengelernt hätte, wenn wir beide jünger gewesen wären, vor der Heirat und dem Kinderkriegen. Und, wenn ja, ob er und ich in der Lage gewesen wären, all unsere Lektionen zu umgehen und direkt zum glücklichen Teil zu gelangen. Im Spiegel der Selbstreflexion wird mir jedoch klar, dass das für mich – und wahrscheinlich für uns alle – unmöglich gewesen wäre, weil ich nicht das Ich gewesen wäre, das er brauchte, um zu seinem bestmöglichen Selbst zu werden.

Wenn ich auf meine früheren Partner zurückblicke, stelle ich fest, dass nicht nur jeder von ihnen anders ist, sondern jeder auch verschiedene Versionen von mir zum Vorschein gebracht hat. Und obwohl der Wunsch, mein erster Partner hätte mein Einziger sein können, nett klingt, funktioniert Liebe in Wirklichkeit selten so.

Die Liebe kommt genau dann hereingefegt, wenn wir sie am wenigsten erwarten, und nicht, um unser Leben einfacher zu machen oder unsere Wünsche zu befriedigen. Sie kommt, um uns auf unserer Reise zu uns selbst zu begleiten.

Denn Liebe ist die Kraft, die die Welt am Laufen hält, das Schlagen unserer Herzen, das Gefühl eines beseelten Kusses und die Erfüllung der universellen Sehnsucht von uns allen, erkannt, geschätzt und so gemocht zu werden, wie wir sind. Liebe kümmert sich nicht um Firlefanz, sondern um das, was real ist.

Liebe ist die Kraft, die uns bewegt, die uns wachsen und unsere vermeintlichen Grenzen überschreiten lässt. Liebe sollte uns zu besseren Menschen machen.

Liebe ist schlicht nicht nur alles, was da ist, Liebe ist alles.

WIR VERLIEBEN UNS NUR DREIMAL IM LEBEN

Unabhängig davon, wer wir sind oder wo wir leben, erfahren wir alle nur drei Archetypen von Liebesbeziehungen in unserem Leben. Wichtiger noch, zwei von ihnen – der Seelenpartner und die karmische Liebe – haben dasselbe Ziel: Sie müssen irgendwann zu Ende gehen, damit Raum für unsere dritte und letzte Liebe, unsere Zwillingsflamme, frei wird.

Wenn unsere Seelenpartnerliebe endet, fragen wir uns, ob wir jemals wieder jemanden lieben werden. Am Ende unserer karmischen Leidenschaft sind wir womöglich so weit, dass wir der Liebe für immer abschwören und die langen Abende lieber in der Gesellschaft von Zynismus verbringen. Wenn dann unsere dritte Liebe an die Tür klopft, zweifelt unser logischer Verstand, ob wir das Ganze noch mal durchstehen können, egal wie sehr unser Herz in der Brust hämmert und bettelt, es doch noch einmal zu versuchen.

Die Wahrheit ist, dass wir diese drei Beziehungen durchleben müssen, um aus ihren Lektionen zu lernen, wer wir sind und was wir wirklich wollen.

Keine Liebesgeschichte ist großartig, weil sie so einfach ist

In jenen Momenten, wenn meine Klientinnen einer Herausforderung oder einem Hindernis in ihrer Beziehung gegenüberstehen, sage ich ihnen oft, dass keine Liebesgeschichte großartig ist, nur weil sie so einfach ist. Kein romantischer Blockbuster kommt in die Kinos, weil er mit einem Happy End beginnt!

Viele von uns sind frustriert, wenn die Liebe unseren Zeitplan ignoriert oder sich anders verhält, als wir es erwarten. Wir ertragen die bitteren Bemerkungen von Freundinnen, die nur unser Bestes wollen und zu uns sagen: Wenn er mit dir zusammen sein wollte, wäre er es auch. Das mag die Wahrheit sein, doch in puncto Liebe gibt es keine Einheitsgröße.

Manchmal will derjenige tatsächlich mit uns zusammen sein, aber das Timing stimmt gerade nicht.

Obwohl es für unser persönliches Wachstum von Vorteil ist, sich bewusst zu sein, welche Art der Liebe wir durchlebt haben oder gerade durchleben, ist es zugleich unmöglich, diesen Prozess zu beschleunigen, um schneller zu unserer dritten Liebe zu kommen.

Es ist wichtig, sich zu vergegenwärtigen, dass es in all unseren Beziehungen erhellende Momente und bleibende Erinnerungen gibt, wohin uns unser Herz auch führen mag. Es ist ein eindrucksvoller Prozess, durch unsere drei Liebesbeziehungen mehr über uns selbst und das Leben zu lernen – eine Reise, die damit beginnt loszulassen, was man uns schon früh über die Liebe beigebracht hat, und die uns dahin führt, dass wir mutig genug werden, unsere eigene Definition von Liebe zu finden.

Bei dieser Reise geht es vor allem darum, was Liebe ist und wer wir sind.

Unsere Seelenpartner

Die Seelenpartnerliebe lehrt uns, was es bedeutet, miteinander verbunden zu sein. Es ist oft die erste Beziehung, die wir erleben, wenn wir jung sind – sei es in den höheren Schulklassen oder direkt danach, als blauäugige Idealistinnen. *Boy meets Girl*, sie verlieben sich, und vielleicht heiraten sie und bleiben glücklich bis ans Ende ihrer Tage.

Das ist ein Märchen, das man uns vorgelesen hat, als wir Kinder waren.

Bevor wir uns selbst wirklich kennengelernt haben, folgen wir den Vorgaben dieser Märchen: dem, was wir meinen, tun zu müssen – aus gesellschaftlichen oder familiären Gründen oder auch aufgrund unserer persönlichen Glaubenssätze, die auf deren Vorgaben beruhen. Wir glauben, dies werde unsere einzige Beziehung sein. Es spielt keine Rolle, wenn sie sich nicht ganz richtig anfühlt oder wenn wir ein paar persönliche Wahrheiten unterdrücken müssen, damit sie funktioniert, denn was wissen *wir* schon? Zweifellos hat Liebe genau so zu sein. Da sie auf familiären und gesellschaftlichen Normen beruht, wird diese Liebe uns nicht besonders herausfordern. Sie schlägt keine hohen Wellen.

Bei dieser Liebe kommt der Partner oft aus der gleichen Gegend und hat den gleichen sozioökonomischen Hintergrund. Vielleicht handelt es sich sogar um die Person, die unsere Eltern schon für uns im Auge hatten. Alles wird ganz einfach sein, und da wir Zustimmung und Ermunterung bekommen, werden wir uns nicht weiter damit beschäftigen, warum es sich in unserem Herz nicht ganz richtig anfühlt.

Bei dieser Art der Liebe verlassen wir uns eher darauf, wie andere uns sehen, als darauf, wie wir uns tatsächlich fühlen.

Dieser erste Partner ist unser Seelenpartner. Ich traf meinen auf der Highschool: Es war eine unschuldige, süße Liebe, und ich hatte nichts, womit ich sie hätte vergleichen können.

Wir verlieben uns sehr leicht, vielleicht ist es sogar Liebe auf den ersten Blick. Genau wie bei unserer Seelenfamilie kann es sich beim Seelenpartner um die Seele handeln, der wir in jedem Leben von Neuem begegnen, bis wir irgendwann gute Freunde werden. Bei dieser Person fühlen wir uns wohl, und fälschlicherweise glauben wir, dass dieses Gefühl ewig halten wird. Vielleicht verloben wir uns oder heiraten sogar. Manchmal verlassen wir denjenigen und trennen uns für immer.

Unser Seelenpartner kann aber auch später in unser Leben zurückkehren und uns dabei helfen, wieder zu heilen und zur nächsten Lebensphase zu gelangen, indem er uns einen sicheren Landeplatz bietet, den wir nach unserer karmischen Liebe vielleicht dringend benötigen. Bei dieser Beziehung wissen wir, was von uns erwartet wird. Und auch wenn wir im Innersten wissen, dass das nicht alles ist, was wir wollen oder brauchen, verstecken wir uns manchmal hier, weil uns der Gedanke, uns ins Unbekannte hinauszuwagen, zu sehr ängstigt.

Unabhängig davon, ob diese Beziehung die richtige ist oder sich richtig anfühlt, ist der wichtigste Aspekt dieser Liebe, dass sie – zumindest von außen betrachtet – einfach richtig aussieht.

Unsere karmische Liebe

Dies ist die schwierige Liebe, die uns lehrt, wer wir sind und welche Art der Liebe wir wollen und brauchen. Dies ist die Art von Liebe, die oft wehtut, aufgrund der harten Lektionen der Lüge, des Schmerzes oder der Manipulation.

Wir haben sowohl Wünsche als auch Bedürfnisse, und wenn wir eine neue Beziehung eingehen, ist uns der Unterschied zwischen beidem oft nicht bewusst – oder auch, warum es wichtig ist, beides zu haben. Unsere Wünsche sind verhandelbar, nicht aber unsere Kernbedürfnisse (mehr dazu später). Dies ist eine der Lektionen, die uns die karmische Beziehung lehrt.

Diese Liebe schleicht sich oft an, denn sie ist vollkommen anders als die zu unserem Seelenpartner. Sie wird schockierend, ja sogar elektrisierend sein. Statt langsam und gleichmäßig zu brennen, wird sie schnell und heiß auflodern. Weil wir gefangen sind in dem Zyklus von Streit und der darauffolgenden leidenschaftlichen Versöhnung, erkennen wir nicht, wie sehr wir bereits leiden.

Der schwierigste Aspekt dieser Beziehung ist, dass wir nicht begreifen, warum wir es einfach nicht auf die Reihe kriegen. Unser Ideal von Liebe scheint nur ein winziges Stück entfernt zu sein! Wir denken noch immer, dass es uns liebenswerter macht, wenn wir uns so verhalten, wie es unserem Partner gefällt. Aber jedes Mal, wenn wir versuchen, alles richtig zu machen, wird es danach noch schlimmer.

Ich betrachtete meine zweite Beziehung viel zu lang durch die rosarote Brille. Weil ich die Geschichte so sehr wollte, ignorierte ich die Realität und war bereit, zu schweigen. Es war einfacher, zu bleiben und mich mit dem vertrauten Übel herumzuschlagen, als ein Risiko einzugehen und zu sehen, wie sich wahres Glück anfühlt. In diesem Stadium der Liebe suchen wir das Glück immer noch außerhalb von uns. Wir denken, die Beziehung sei das Problem, und wir könnten sie in Ordnung bringen, anstatt wahrzuhaben, dass unsere Unzufriedenheit von der Uneinigkeit mit uns selbst und unseren Entscheidungen herrührt.

In ersten wie in zweiten Liebesbeziehungen spielt Angst eine Rolle: die Angst vor dem, was andere Leute denken oder sagen mögen; davor, dass unser Partner uns nicht mehr lieben könnte; davor, nicht zu wissen, wie man es auf die Reihe kriegt, wann man es beenden soll, wann (und wie) man den anderen verlassen soll. Wir sind noch nicht bei uns selbst angekommen und suchen deshalb weiter nach Antworten außerhalb von uns.

Manchmal ist unsere zweite Liebe ungesund, unausgewogen oder narzisstisch. Womöglich kommt es zu emotionaler und/oder mentaler Manipulation oder Missbrauch, vielleicht sogar körperlich. Höchstwahrscheinlich gibt es sehr viel Drama. Und genau das macht uns süchtig nach diesem Drehbuch: die emotionale Achterbahn mit extremen Hochs und Tiefs. Wie ein Junkie auf der Suche nach dem nächsten Schuss ertragen wir die Tiefs in Erwartung der Hochs.

Die schlechte Nachricht ist, dass unsere zweite Liebe zu einem Zyklus werden kann, den wir oftmals mit unterschiedlichen Partnern wiederholen, weil wir hoffen, dass es irgendwann anders ausgehen könnte.

Die gute Nachricht ist, dass diese schwierige Liebe zu uns kommt, damit wir unseren ganzen üblen Mist aufarbeiten und danach befreit weitergehen können. Diese Liebe wird uns zu einem anderen Menschen machen, als wir es je für möglich gehalten hätten. Wir werden Dinge tun, die wir uns nie hätten vorstellen können. Es ist die Liebe, von der wir uns wünschen, sie wäre die richtige, auch wenn sie es niemals sein wird.

Diese Liebe wird uns herausfordern, nicht nur in Bezug auf das, was wir für sie zu tun bereit sind, sondern auch in Bezug auf diejenigen, die wir dabei zu verletzen bereit sind. Meistens werden wir das selbst sein.

Der Versuch, die Beziehung zum Laufen zu bringen, wird wichtiger als die Frage, ob sie das überhaupt soll. Wir halten nicht einmal inne, um zu überlegen, ob sich die ganze Mühe überhaupt lohnt. Wir investieren unseren Wert in den Erfolg der Beziehung und zerstören so am Ende unser Selbstgefühl. Aber das ist nur der Anfang. Denn jetzt können wir beginnen, es wieder aufzubauen und uns endlich auf den Weg zur Selbstfindung zu machen.

Unsere Zwillingsflamme

Dies ist die Liebe, die wir nie kommen sehen. Endlich sind wir unversehrt und auf uns gestellt, und diese Person ergänzt uns dabei auf unvorhersehbare Weise und fordert uns im besten Sinne heraus. Diese Art der Liebe ist nicht immer einfach, denn das Ziel unserer dritten Liebe besteht nicht bloß darin, eine Beziehung miteinander zu führen, sondern auch, uns als Individuen zu unserem besten Selbst zu entwickeln.

Meistens entspricht unsere Zwillingsflamme nicht unseren Vorstellungen, zumindest glauben wir das bei der ersten Begegnung. Sie scheint all unsere festen Vorstellungen von idealer Liebe zu zerstören. Doch letzten Endes kommt diese Liebe unvorstellbar leichtfüßig daher, die unerkliche Verbundenheit überwältigt uns.

Zu diesem Zeitpunkt haben wir entweder der Liebe abgeschworen oder sind in den sicheren Hafen unseres Seelenpartners zurückgekehrt. Nach dem Desaster unserer zweiten Liebe fällt es uns besonders schwer, zu vertrauen, dass es diesmal tatsächlich anders laufen könnte. Zu diesem Zeitpunkt sind wir normalerweise älter und haben schon wichtige Beziehungen oder auch Ehen hinter uns. Vielleicht haben wir Kinder. Möglicherweise erscheint es uns einfacher, einen großen Bogen um die Liebe zu machen, als neuen Liebeskummer zu riskieren.

Doch wie heftig oder lange wir uns dieser Liebe auch widersetzen: Irgendwann merken wir, dass sie sich heimlich eingeschlichen hat, als wir gerade nicht hingesehen haben. Auf einmal hat sich genau das, was wir unbedingt vermeiden wollten, manifestiert. Wir sind wieder verliebt, zum dritten und letzten Mal.

Dies ist die Liebe, bei der wir mit jemandem zusammenkommen und es einfach passt. Es gibt keine Ideale oder Erwartungen, wie der andere sich zu verhalten hat, keinen Druck, jemand anders zu sein. Wir werden genau so angenommen, wie wir sind, und das erschüttert uns bis ins Mark. Bis dahin war die Liebe für uns ein einziger Kampf, bei dem wir uns entweder bemüht haben, von ihr erfüllt zu werden oder sie zum Laufen zu bringen. Deshalb ist schon allein die Mühelosigkeit, die dieser Beziehung innewohnt, nervenaufreibend. Jetzt besteht die Aufgabe darin, zu begreifen, dass es Liebe geben kann, für die man nicht kämpfen muss, und dass Liebe tatsächlich ganz sanft und ohne Aufforderung daherkommen kann.

Sie sieht nicht aus, wie wir uns die Liebe vorgestellt haben, und sie hält sich nicht an die alten Regeln, die wir bisher befolgt haben, in der Hoffnung, auf Nummer sicher zu gehen. Sie hebelt all unsere Vorurteile aus. Oft läuft diese Liebe nicht nur all unseren Überzeugungen zuwider, die wir in Bezug auf unseren Partner fürs Leben hatten, sondern auch früheren Erwartungen darüber, was eine Beziehung umfassen sollte.

In unserer ersten und zweiten Beziehung mögen wir Lektionen gelernt haben, doch erst die dritte fordert uns auf, unseren Worten Taten folgen zu lassen. Uns nicht nur bewusst zu machen, was wir gelernt haben oder wer wir geworden sind, sondern tatsächlich andere Entscheidungen zu treffen. Unsere dritte Liebe ist die Gelegenheit, es richtig zu machen, weil wir endlich so weit sind, den Unterschied zu erkennen.

Dies ist die Liebe, die unablässig an unsere Tür klopft, egal wie lange es dauert, bis wir reagieren, denn mit unserem Partner fürs Leben können wir es unmöglich ruinieren. Es ist die Liebe, der wir nicht entfliehen können.

Denn wie unmöglich sie uns auch vorkommen mag oder unter was für unwahrscheinlichen Umständen sie auftaucht: Es ist die Liebe, die sich einfach richtig anfühlt.

Vielleicht erlebt nicht jede von uns alle drei Arten der Liebe in einem Leben. Das mag daran liegen, dass wir noch nicht bereit dafür sind. Solange wir in den Zyklen unserer ersten und zweiten Liebe gefangen sind, ist es unmöglich, die dritte willkommen zu heißen.

Vielleicht brauchen wir ein ganzes Leben, um all diese Lektionen zu lernen, wenn wir aber Glück haben, vielleicht auch nur ein paar Jahre.

Die Glückspilze

Und dann gibt es Menschen, die sich nur ein einziges Mal verlieben und voller Leidenschaft bis zum letzten Atemzug zusammenbleiben. Denken wir an jene verblichenen Fotos achtzigjähriger Paare, auf denen sie genauso verliebt wirken wie auf ihrem Hochzeitsbild. Anders als die meisten von uns mussten diese scheinbar privilegierten Menschen nicht die drei Lektionen der Liebe durchleben, und ihr Beispiel wirft die Frage auf, ob wir überhaupt wissen, wie man wirklich liebt.

Allerdings ist es nicht so, dass diese Paare besonderes Glück hatten, weil sie gemeinsam wachsen und sich entwickeln konnten. Diese Individuen waren in der Lage, die gleichen Lektionen zu lernen wie jene, die ihre drei Liebesgeschichten durchlaufen. Ihre Bestimmung bestand einfach darin, es in diesem Leben Seite an Seite zu tun. Dieser Weg ist weder besser noch schlechter oder schwieriger, sondern schlicht und einfach das, was sich unsere Seelen für diese Lebensspanne vorgenommen haben.

Jemand hat mal zu mir gesagt, diese Menschen seien Glückspilze. Vielleicht stimmt das. Ich aber denke, dass diejenigen unter uns, die es bis zu ihrer dritten Liebe schaffen, ebenso viel Glück haben, wie diejenigen unter uns, die der Liebe nach allzu vielen einsamen Nächsten vollkommen abgeschworen hatten.

Denn es geht nicht darum, ob wir für die Liebe bereit sind oder nicht, sondern vielmehr darum, ob die Liebe bereit ist für uns.

Was wir alle nicht vergessen dürfen: Dass es bisher nie funktioniert hat, bedeutet nicht, dass es diesmal nicht funktioniert.

Letztlich kommt es darauf an, ob wir in unserer Art zu lieben eingeschränkt sind oder ob wir uneingeschränkt lieben. Wir alle können uns für unsere erste Liebe entscheiden: für den, der gut aussieht und die anderen glücklich machen wird. Wir können bei unserer zweiten Liebe bleiben, in dem Glauben, etwas, wofür man nicht kämpfen müsse, sei wertlos.

Oder wir treffen die Entscheidung, an die dritte Liebe zu glauben.

Die, bei der man sich zu Hause fühlt, ohne zu wissen, warum. Die Liebe, die weniger einem Sturm ähnelt als der friedlichen Stille der darauffolgenden Nacht.

Es mag sein, dass unsere erste Liebe etwas Besonderes hat und unsere zweite etwas ergreifend Einzigartiges ... aber auch unsere dritte hat etwas Faszinierendes.

Die, die wir nicht kommen sehen.

Die, die uns zeigt, warum es bis dahin nie funktioniert hat.

Die, die anhält.

Und genau diese Option macht es lohnenswert, es noch einmal zu versuchen. Denn die Wahrheit ist: Man weiß nie, wann man der Liebe begegnet.

DIE ERSTE LIEBE: UNSER SEELENPARTNER

Der, der richtig aussieht

DER TRAUM

Glücklich bis ans Ende unserer Tage

Wenn wir unserer Seelenpartnerliebe begegnen, denken wir, es sei für immer, egal ob es im Alter von sechzehn oder sechsundvierzig Jahren passiert. Sobald wir einmal erlebt haben, wie wunderbar es ist, bis spätnachts miteinander zu telefonieren, während unser Lachen Pirouetten um den Mond dreht, sind wir süchtig danach.

Von diesem Moment an, wenn wir zum ersten Mal die Liebe entdecken, gibt es kein Zurück mehr, und wir würden es auch gar nicht wollen, denn seit wir dieser Liebe zum ersten Mal begegnet sind, schreiben wir die Geschichte in Gedanken fort. Wir verpflichten uns bereits dazu, unser Leben mit dieser Person zu verbringen, und malen uns genussvoll aus, was noch alles kommen wird. Das Gefühl der ersten Liebe ist so intensiv, dass wir fast unweigerlich glauben müssen, wir hätten unsere Liebe fürs Leben gefunden.

Allerdings ist unsere erste Liebe nicht unbedingt auf Dauer angelegt. Im Nachhinein wird uns oft klar, dass dies die Person war, die scheinbar in unser Leben »gepasst« hat. Diejenige, die unseren – meist durch die Familie oder die Gesellschaft beeinflussten – Erwartungen an einen Partner

entsprach. Zwar würden wir gern behaupten, die klischee-
haften Papa- oder Mama-Probleme seien nichts als eine Ausrede für schlechte Beziehungen. Doch tatsächlich prägt alles,
was wir als Kinder durchleben, nicht nur unsere Definition
von Liebe, sondern auch, in was für einer Beziehung wir uns
in Zukunft sehen. Meine erste Liebe ist Jahrzehnte her, und
ich kann mich noch immer an das leichte Schwindelgefühl
erinnern, das mich ergriff, wenn er anrief, und daran, wie
ich, die Füße gegen die Wand gestützt, auf dem Bett lag, aus
dem Fenster sah und dachte, dies sei die für mich bestimmte
Liebe. Ich dachte, irgendwie hätte ich, in meinem zarten Alter
damals, in meinem eigenen Leben das gefunden, was mich –
den allzu romantischen und rebellischen Teenager – bereits
in zahllosen Kinofilmen zu Tränen gerührt hatte.

Dieser Mann – oder vielmehr Junge – erfüllte so viele Kriterien, die es damals abzuhaken galt: Er hatte einen ähnlichen Hintergrund. Wir hatten einige gemeinsame Freunde.
Und das Zusammensein mit ihm war so verdammt problemlos! Im Rückblick ist mir klar, dass es unmöglich war,
ihn nicht zu lieben, weil alles so glatt lief. Aber wir erkennen
erst mit der Zeit und Erfahrung, dass Ähnlichkeiten nicht
unbedingt als Grundlage für dauerhafte Liebe oder auch
persönliche Befriedigung dienen.

Es fühlt sich einfach so gut an

Die Mühelosigkeit der Beziehung mit unserem Seelenpartner vermittelt uns oftmals ein Gefühl von Schicksal oder
Vollständigkeit. Unser Seelenpartner ist jemand, mit dem
wir durch zahlreiche Leben gereist sind. Anders als bei der
karmischen Liebe oder der Zwillingsflamme haben wir von

ihm speziell aber keine Lektionen zu lernen, und es fehlt jenes faszinierende energetische Band, das intensive Gefühl von Verbundenheit. Es ist mehr, als würde man zu einem alten Freund zurückkehren, in jedem Leben aufs Neue, sodass wir bei der ersten Zufallsbegegnung denken: »Oh, da bist du ja, ich hab dich gesucht.«

Nicht weil er genau das ist, was wir wollen oder brauchen, sondern weil er uns so vertraut ist und wir uns bei ihm einfach wohlfühlen. Und genau deshalb fällt es manchen von uns schwer, sich von dieser Liebe zu lösen.

Diese Art der Liebe wird in dem Film »Love & Basketball« aus dem Jahr 2000 perfekt dargestellt. Monica und Quincy, gespielt von Sanaa Lathan und Omar Epps, sind direkte Nachbarn, von Kindheit an ineinander verliebt und teilen zudem die Leidenschaft für Basketball. In Richtung College gehen ihre Wege auseinander, und die Entfernung zwischen ihnen bringt nicht nur Schmerz mit sich, sondern auch den Druck, ihre jeweilige akademische und athletische Karriere weiterzuverfolgen. Die daraus resultierende Trennung ist entmutigend, da beide realisieren, dass ihre Beziehung auf Bequemlichkeit basierte. Später, als Erwachsene, finden sie in einer der besten Szenen des Films wieder zusammen. In dieser spielen Monica und Quincy zu zweit Basketball und bestätigen erneut die Essenz der Seelenpartnerliebe und was diese uns lehrt.

Um diese Art der Liebe zu verstehen, müssen wir begreifen, dass es im Leben mehr gibt als diese eine Lebensspanne. Jeder und jede von uns ist nicht bloß ein Körper, sondern auch eine Seele, ein Geist, der zahlreiche Lebensphasen durchläuft. Deshalb haben wir alle eine Seelenfamilie, Seelen, die in unterschiedlichen Gestalten reinkarniert sind, aber zusammen durch die jeweiligen Lebensspannen reisen. Mal sind wir Freunde und Geliebte, mal Mutter und Kind, aber wir bleiben stets zusammen. Seelenpartner sind genau das: jemand, der zu unserer Seelenfamilie gehört. Aus diesem Grund ist es oft so schwierig, sich von Seelenpartnern zu lösen. Der Wohlfühlfaktor ist sehr hoch. Leider können wir als Seelen aber nicht wachsen, wenn wir dort stehen bleiben, wo wir uns einfach nur wohlfühlen.

Das soll nicht heißen, dass Liebe beschwerlich sein muss, aber um weiter als Individuen zu unserem bestmöglichen Selbst heranzuwachsen, müssen wir gefordert werden und uns über die Parameter unserer bisherigen Existenz hinauswagen. Und auch wenn unser Seelenpartner wunderbar und liebevoll ist, fordert er uns nicht wirklich heraus, unsere Komfortzone zu verlassen.

Unser Seelenpartner ist jemand, zu dem wir immer wieder zurückkehren können und bei dem wir jedes Mal das Gleiche empfinden.

Wenn ich an die Verwicklungen der ersten Liebe denke, fällt mir die Neunzigerjahre-Serie »Dawson's Creek« ein, in der Katie Holmes ein liebes, aber kompliziertes Mädchen spielt: Joey von der falschen Seite der Stadt, die sich in ihren Freund Dawson aus Kindertagen verliebt, dargestellt von James Van Der Beek. Im Verlauf der zahlreichen Staffeln dieser Serie haben Joey und Dawson eine On-off-Beziehung, in der sie zwischen Liebe und Freundschaft hin- und herpendeln. Exakt diese Dynamik ist typisch für eine Seelenpartnerbeziehung.

Im Grunde wollen wir nie ohne unseren Seelenpartner sein und können uns ein Leben ohne ihn kaum vorstellen. Besonders verloren fühlen wir uns meist, wenn wir uns frisch getrennt haben oder verschiedene Wege wählen. Deshalb finden Seelenpartner häufig in genau so einer schwierigen Lebensphase zueinander zurück, um es noch einmal miteinander zu versuchen.

Da sich Seelenpartner eher in frühen Lebensjahren begegnen – etwa in der Kindheit, der Highschool oder auch in dieser flüchtigen Zeit des Studiums, wenn wir uns ein bisschen treiben lassen und Beziehungen austesten –, handelt es sich oft um eine Verbindung, die wir in späteren Jahren wiederbeleben, wenn auch meist nur für kurze Zeit. Häufig fungiert unser Seelenpartner auch als eine Art Auffangnetz, weil er stets da ist. Manchmal heiraten wir ihn sogar (wieder!), da wir glauben, wir würden allein deshalb immer wieder zu ihm zurückkehren, weil wir schlichtweg füreinander *bestimmt* seien.

Auch Joey erreichte den Punkt, an dem sie Dawson verließ und dauerhaft glücklich wurde, aber dazu war sie erst in der Lage, als sie anfing, mehr über sich und das, was sie eigentlich wollte, nachzudenken. Ein Teil des Problems besteht darin, dass das Märchen so wahnsinnig verlockend ist.

Wir alle wollen uns verlieben und auch verliebt bleiben. Viele von uns verstehen nicht, wozu Liebe sonst gut sein soll, wenn sie nicht von Dauer ist.

Unsere erste Liebe spaziert also in unser Leben, und irgendwie scheint es einfach so vorgesehen zu sein. Es ist, als wäre uns diese Person von Schicksalshand zugeteilt worden, und daher spielen wir mit. Da diese Beziehung oft in jüngerem Alter vorkommt, bedeutet mitspielen nicht immer gleich heiraten, und doch lassen wir uns voll und ganz darauf ein und träumen von einer gemeinsamen Zukunft. Es bedeutet, dass wir die ewige Liebe für möglich halten, und es bedeutet, dem Teil in uns nachzugeben, der hofft, dass dies nicht nur unsere erste, sondern auch unsere letzte Liebe ist.

Wir alle wünschen uns
eine wunderbare Liebesgeschichte

Wir wünschen uns, zufällig jemandem zu begegnen, und es ist Liebe auf den ersten Blick. Wir wünschen uns, unseren Highschool-Freund zu heiraten. Wir wünschen uns die Art von Liebe, die wir aus dem Kino kennen. Die Geschichte, die wir irgendwann selbst zu erleben hoffen, denn es geht nicht nur um das Märchen, sondern auch darum, dass das Leben unseren Vorstellungen entsprechend verlaufen soll.

Britt meldete sich bei mir zum ersten Mal gemeinsam mit ihrem damaligen Partner. Sie glaubten beide, der jeweils andere sei ihre Zwillingsflamme, und hatten mich kontaktiert, um mehr darüber zu erfahren. Nach diesem Telefonat schrieb Britt mir privat und fragte, ob ich sie allein als Klientin annehmen könne, da sie Zweifel habe und sich Sorgen mache. Ihr Partner behandelte sie buchstäblich wie eine Prinzessin, und das Ganze kam ihr vor wie ein Märchen. Was wir jedoch oft vergessen: Die meisten Märchen, sogar die in den Kinderbüchern, bergen auch eine dunkle Seite in sich. Im Verlauf mehrerer Monate, in denen Britt und ich miteinander arbeiteten, wurde sie stark genug, um mir zu erzählen, dass die Beziehung nicht das war, was sie wirklich wollte, und – mehr noch – dass sie sich in seelischer Hinsicht nicht mehr gut anfühlte.

Britt konnte nicht sein, wer sie wirklich war, sie fühlte sich auf ihrer Reise nicht genug unterstützt, aber sie liebte das Märchen, das sie und dieser Mann miteinander lebten.

Natürlich gab es auch eine Phase, in der es in unseren Telefonaten um Verarbeitung ging und sie der Liebe auf unbestimmte Zeit abschwor: »Ich brauche niemanden, zum ersten Mal bin ich glücklich, so wie ich bin.« Was sie nicht wusste: Das ist eines der Anzeichen, dass man wirklich bereit ist für diese wunderbare Liebesgeschichte, denn normalerweise findet uns die Liebe genau dann, wenn wir aufhören, nach ihr zu suchen.

Einige Monate nach ihrem Aufbruch begegnete sie tatsächlich ihrer dritten Liebe. Sie rauschte mit großer Leichtigkeit herein. Nicht weil es keine Hindernisse zu überwinden gab, sondern weil beide sich vornahmen, es dieses Mal besser zu machen.

Unsere Vorstellung von einer wunderbaren Liebesgeschichte hat meist wenig damit zu tun, wie sie tatsächlich abläuft. Zwar kriegen wir kein Märchen, aber wir können die Dunkelheit besiegen. Wir können die ewig währende Liebe selbst erleben, doch wird sie in keiner Weise dem ähneln, was wir uns ausgemalt haben.

Dieses Idealbild geht nicht einmal von uns aus: Nach wie vor orientieren wir uns an der traditionellen Lebensplanung, die vorsieht, einen Schulabschluss zu machen, ein Studium oder eine Arbeit aufzunehmen, jemanden zu finden, den man heiraten kann, sich irgendwo niederzulassen, ein Haus zu kaufen und Kinder zu kriegen. Ende der Geschichte. So machen es doch alle, oder nicht? Das einzige Problem ist, dass unsere Version von »Glücklich bis ans Ende« niemals auf dem Glauben oder den Vorstellungen anderer Leute beruhen kann.

Wir müssen unsere eigenen Geschichten schreiben.

Wenn wir von unserer Seelenpartnerliebe erfüllt sind, wollen wir natürlich glauben, wir wüssten schon alles. Erst später wird uns klar, wie wenig wir damals tatsächlich wussten und wie viel wir seitdem dazugelernt haben. In unserer Seelenpartnerbeziehung ist unsere Vorstellung von Liebe oft stark an die Person gekoppelt, von der andere erwarten, dass wir sie lieben, sowie an das Leben, von dem man uns gesagt hat, dass wir es führen sollen.

Als Kinder lernen wir unterbewusst, was romantische Liebe ist – durch Märchen, Kinofilme und die Geschichten, die unsere Freundinnen und Familie erzählen. Wir lernen es anhand der um uns herum gelebten Beziehungen. Als Kinder setzen wir uns kaum mit unseren Eltern an den Küchentisch, um über die Grundlagen einer starken Beziehung zu diskutieren, oder darüber, wie wichtig es ist, Selbstliebe zu kultivieren. Stattdessen wird uns vermittelt, dass wir einen guten Partner finden und sesshaft werden sollen. Das war's. Unser Seelenpartner ist deshalb genau das: ein guter Mensch, der geeignet scheint, um sich dauerhaft mit ihm zusammenzutun.

Es ist eine zärtliche Liebe, vielleicht keine, die unser Herz im Sturm erobert, aber eine, die uns zu einem gewissen Grad zufriedenstellt. Trotz allem ist sie für gewöhnlich egobasiert. Die Befriedigung, die unser Ego durch diese Liebe empfindet, speist sich aus der Zustimmung anderer, weil wir das tun, was man von uns erwartet. Im frühen Stadium dieser Liebe fühlen wir uns, als könnten wir Bäume ausreißen und hätten das Geheimnis des Lebens gelüftet. Wir kennen unseren Platz innerhalb unserer Familie und der Gesellschaft, wir sehen die Zukunft klar vor uns ausgebreitet, und wir atmen auf, weil sich, na ja, zu diesem Zeitpunkt einfach alles so gut anfühlt.

Unsere Eltern lieben diese Person, was nicht überrascht, schließlich haben sie uns darauf konditioniert, genau so jemanden mit nach Hause zu bringen. Unser Seelenpartner fügt sich so mühelos in unsere Familie ein, als hätte er schon immer dazugehört, und mehr noch: Manchmal kommt er uns sogar wie ein Familienmitglied vor. Obwohl wir uns von unserem Seelenpartner angezogen fühlen, hat die Liebe, die wir mit ihm erleben, eher etwas Familiäres, und genau das macht zum Teil den Zauber dieser Verbindung aus. Wir versuchen, die Beziehung zu führen, die unsere Familie von uns erwartet, was bedeutet, dass der motivierende Faktor bei dieser Liebe meistens eher »ich sollte« als »ich will« lautet.

Das heißt nicht, dass wir uns mit unserem Seelenpartner kein Leben aufbauen wollen. Doch wenn wir mutig etwas tiefer blicken, erkennen wir, dass es nicht an der Intensität der Liebe oder gar der Verbundenheit liegt, sondern eher daran, dass die Person in den Augen der anderen gut zu uns zu passen scheint. In dieser Lebensphase sind die Anerkennung und die Meinungen der anderen für uns das Wichtigste, weil sie unser noch in der Entwicklung befindliches Ego bestärken. Wir hatten einfach noch nicht genug Zeit oder Lebenserfahrung, um herauszufinden, wer wir wirklich sind.

Die Rolle spielen

Noch wissen wir nicht, dass wir dieselbe Genugtuung empfinden, wenn wir unsere eigenen Entscheidungen treffen, wie wenn wir nur jenen folgen, auf die wir konditioniert wurden.

Tatsächlich hinterfragen wir bei dieser Liebe gewöhnlich nicht, wer wir sind. Das haben wir gar nicht auf dem Schirm, weil wir glauben, wir hätten bereits alles durchschaut. Wir haben das Gefühl, in Übereinstimmung mit den Menschen aus unserem sozialen Umfeld aufzuwachsen, die gleichen

Dinge zu tun, ähnliche Entscheidungen zu treffen. Unsere Eltern mögen die Person, mit der wir zusammen sind. Alles scheint in bester Ordnung.

Wir begreifen noch nicht, dass der Mensch, in den wir uns verliebt haben, letztlich eine Spiegelung der Person ist, nach der zu suchen uns unsere Familie beigebracht hat.

Unser Seelenpartner, der als wichtige Person auf unserer Reise fungiert, ähnelt ziemlich oft den Menschen, die uns großgezogen haben, sei es unsere Mutter, unser Vater oder auch ein entfernteres Familienmitglied. Häufig ist unser Seelenpartner die Person, in der sich alle positiven Eigenschaften unserer Eltern bündeln. Hier hat der alte Spruch seinen Ursprung, dass wir einen Mann heiraten, der unserem Vater ähnelt, oder eine Frau, die unserer Mutter ähnelt. Dies ist unsere erste Liebe und damit die einzige, die wir bis dahin kennengelernt haben. Deshalb verlieben wir uns tatsächlich in den Menschen, der mit unseren Primärbeziehungen wesensverwandt ist: mit unseren Eltern oder auch einer anderen nahen Bezugsperson. Dass wir deren Eigenschaften in unserer ersten Liebe suchen, ist als Muster stets präsent – unabhängig von der damit verbundenen Biologie. Es ist das, was wir kennen, und daher auch das, was wir weiterführen. Es verleiht uns ungeheure Genugtuung, denn nur unsere Seelenpartnerliebe gibt uns das Gefühl, dass wir den uns vorgegebenen Regeln der Liebe und des Lebens folgen.

Dies ist vielleicht einer der Hauptgründe, warum es schwierig sein kann, sich von unserem Seelenpartner zu trennen: Sobald wir begriffen haben, dass es keine wirklichen Regeln für die Liebe gibt, beginnen wir uns zu fragen, was wir *überhaupt* wissen. Aus diesem Grund reden wir uns anfangs oft ein, wir seien »glücklich bis ans Ende«.

Wir überzeugen uns von all den Gründen, um zu bleiben, um nicht vom Plan abzuweichen und letztlich zielstrebig unserer Vision vom Leben zu folgen.

Doch in Wahrheit ist das die Vision vom Leben, die man uns vermittelt hat, nicht wirklich unbedingt die, die uns tatsächlich entspricht.

Dem Märchen verfallen

Als ich jünger war, dachte ich kaum über das Heiraten hinaus, und das sehe ich heute auch bei vielen Frauen, die ich coache. Wir verlieben uns und erwarten, dass das Märchen seinen Lauf nimmt. Aber hat sich schon mal jemand gefragt, ob Aschenputtel nach ihrem Jawort überhaupt glücklich wurde?

Damals fragte ich mich auch nicht, ob meine erste Liebe mich in meinem Wachstum unterstützen oder ob er ein guter Vater sein würde. Ich fragte mich nicht, wie wir gemeinsam die Probleme des Lebens meistern würden oder welche Glaubensvorstellungen er hatte. Stattdessen sah ich nur, wie er sich präsentierte – sein physisches Selbst. Nicht dass ich alles andere ignorierte, es kam mir schlichtweg nicht ins Bewusstsein, weil ich auch über mich und mein Leben nicht groß nachdachte.

In dieser Märchenphase der Liebe sinnieren wir nicht über das bestmögliche Leben, und ganz bestimmt denken wir auch nicht über unsere Lebensaufgabe nach. Nicht einmal in den vielen romantischen Kinofilmen, die wir uns so gern angesehen haben, erfuhren wir, dass Liebe etwas mit gemeinsamen Zielen oder einer Aufgabe zu tun hatte. Nein, wir wuchsen mit dem Glauben an den »Prinzen« auf – den

Mann, der die Jungfer in Not rettet und die traditionellen Geschlechterrollen aufrechterhält – und warteten darauf, dass er auch in unser Leben trat.

Es war der Glaube, dass Liebe das Einzige sei, was wir wirklich brauchten, und eine Beziehung das, was wir anstreben sollten.

Rachel zum Beispiel dachte, sie hätte ihre Liebe fürs Leben gefunden. Sie lernte diesen Mann während eines Auslandsstudiums kennen, und er schien genau der Lebenspartner zu sein, den sie sich immer gewünscht hatte. Nach dem Hochschulabschluss heirateten sie und bekamen ein Kind, alles schien perfekt, bis sie die Tatsache nicht mehr ignorieren konnte, dass dem nicht so war. Rachel war so fixiert auf die Vorstellung, zu heiraten, ein Haus und Kinder zu haben, dass sie vollkommen übersah, wer ihr Ehemann eigentlich war und wie krankhaft er sich seit Längerem verhielt.

Das heißt, für Rachel erfüllte sich das Märchen, nur hielt ihr »Glücklich bis ans Ende« nicht so lange an, wie sie es erwartet hatte.

Dieses »Glücklich bis ans Ende« ist der Glaube, dass es von einem gewissen Zeitpunkt an keine Überraschungen mehr gibt, keine Abweichungen vom Plan, keine Enttäuschungen und ganz sicher keinen Liebeskummer. Obwohl wir das lesen und zustimmen können, ist es nicht glaubwürdig. Wir alle wissen, dass niemand den Lauf des Lebens aufhalten kann. In Wirklichkeit ist dieses »Glücklich bis ans Ende« nicht die höchste Form von Liebe, die wir erfahren können. Unsere eigentliche Hoffnung ist gar nicht, dass alles perfekt und keinesfalls aus der Bahn läuft, sondern eher, dass uns jemand im Dunkeln an die Hand nimmt und ans Licht führt. Oder dass sich jemand um uns kümmert, wenn wir krank sind und seit Tagen dieselbe Jogginghose tragen.

In Wahrheit wünschen wir uns von der Liebe nicht unbedingt jemanden, mit dem wir eine märchenhafte Beziehung führen können, sondern jemanden, der Magie in den Alltag und die Mühen des realen Lebens bringt, mit dem wir alle konfrontiert sind.

Die Rückkehr der Seelenpartner

Im Nachhinein, wenn wir unsere erste Liebe längst hinter uns haben, lässt sich all das vermutlich leicht sagen. Verstrickt in der Situation, zu erkennen, dass es nicht ewig halten wird, ist jedoch etwas ganz anderes. Das ist auch der Grund, warum wir nach einer schmerzlichen Trennung oft zu unserem Seelenpartner zurückkehren. Ich kann mich gut erinnern, dass mein Seelenpartner genau dann wieder in mein Leben trat (vielen Dank, Social Media!), als eine lange und anstrengende Beziehung zu Ende war. Es fühlte sich an, als würde ich nach Hause kommen. Es spielte keine Rolle, dass wir vor dreizehn Jahren das letzte Mal miteinander gesprochen hatten. Wir machten einfach da weiter, wo wir aufgehört hatten, mit demselben Gefühl von Geborgenheit und den gleichen Gesprächen wie Jahre zuvor.

Eigentlich hatte ich nicht vor, wieder nach ihm Ausschau zu halten, was aber nicht heißt, dass ich nicht an ihn gedacht hatte. Das tue ich auch jetzt noch gelegentlich. Allerdings weiß ich auch, dass das bei unserem Seelenpartner zu erwarten ist: Wir könnten uns in fünfzig Jahren in einem Altersheim treffen, und diese unmittelbare Chemie und das Gefühl von Geborgenheit wären sofort wieder da.

Er kam zu einer Zeit in mein Leben, als ich zutiefst verletzt war und – was vielleicht am schlimmsten war – nicht mehr wusste, wer ich bin.

Nachdem wir ein paar Wochen Textnachrichten ausgetauscht hatten, schlug er vor, sich auf einen Drink zu treffen. Auch wenn ich nicht wusste, was ich erwarten sollte, hatte ich ein gutes Gefühl und spürte, dass ich bei ihm in Sicherheit war, egal was passieren würde. Abgesehen davon, war es die Art von Erfahrung, die ich damals brauchte. Wir trafen uns in einer Kellerbar mit schummriger Beleuchtung, sodass ich hoffte, er würde nicht gleich sehen, wie fertig ich war. Während ich so lässig wie ein Hipster an meinem Holundermartini nippte, hatte ich wieder einmal das Gefühl, das könnte es sein. Vielleicht sollte dieser Mann meine Zukunft sein. Doch die Wahrheit lag in dem, was er dann tat. Kurz bevor er aufstand, um zur Toilette zu gehen, reichte er mir einen vom jahrelangen Auseinander- und Zusammenfalten völlig zerknitterten Zettel und sagte: »Hier, das habe ich dir mitgebracht. Vielleicht musst du dich einfach wieder erinnern, wer du bist.«

Lächelnd nahm ich den Zettel, die Kerze auf unserem Tisch warf einen zarten Schimmer auf die verblichene blaue Tinte. Allmählich begriff ich, dass es sich um eine über fünfzehn Jahre alte Notiz handelte, in der ich ihm den Menschen schilderte, der ich damals gewesen war. Es ging darum, wer ich war und was ich wollte, was für eine Liebe ich verdiente und dass er es sicher bereuen werde, mich eines Tages zu verlieren. Es war genau das, was ich in dem Moment brauchte, weil ich vergessen hatte, wer ich war. Ich hatte meinen eigenen Wert vergessen und irgendwie auf meinem Lebenspfad auch das Feuer verloren, mit dem ich zur Welt gekommen war.

Rückblickend betrachtet, kehrte dieser wundervolle, zuverlässige Mann in mein Leben zurück, um mich daran zu erinnern, wer ich als junges Mädchen gewesen war, bevor die Welt sich mit meinem Kopf angelegt und mir Selbstzweifel eingepflanzt hatte. Er kehrte zurück, damit ich anschließend losziehen und herausfinden konnte, was meine Bestimmung war, nicht damit er Teil meiner Zukunft wurde. Er war ein Puffer auf meinem Weg von der Vergangenheit in die Zukunft. Er half mir, die Wunden der Beziehung zu heilen, die ich gerade hinter mir gelassen hatte, sodass ich eigenständig weitergehen konnte. Allerdings tut es nach einer tiefen Verletzung oft sehr gut, eine Komfortzone zu finden. Deshalb versuchte ich mich – und natürlich auch ihn – davon zu überzeugen, dass wir füreinander bestimmt waren.

Dass es nicht dazu kam, lag nicht unbedingt daran, dass wir nicht zusammenpassten, sondern eher daran, dass er meine erste Liebe war, mein Seelenpartner. Als solcher war es seine Aufgabe, in mein Leben zurückzukehren, als ich mich an einem Tiefpunkt befand, und mir dabei zu helfen, selbst das nächste Kapitel aufzuschlagen.

Viele von uns wollen ihren Seelenpartner einfach nicht verlassen, weil sie das Gefühl haben, nach ihm könne es keine bessere oder größere Liebe mehr geben. Allerdings fehlt es uns an Klarheit, um den Grund für dieses Gefühl in Worte zu fassen. Wir begreifen nicht, dass wir uns noch davor fürchten, zu erfahren, wer wir sind, oder davor, vom erwarteten Lebensplan abzuweichen.

Wir können noch nicht ausdrücken, dass wir nicht wissen, was wir eigentlich vom Leben wollen. Die Vielzahl an Möglichkeiten ängstigt uns, weil, nun ja, welche Richtung sollen wir einschlagen, wenn alles möglich ist?

Rückblickend betrachtet, bleiben wir deshalb oft länger bei unseren Seelenpartnern, als es gut für uns wäre, einfach weil wir uns in ihrer Komfortzone geborgen fühlen, auch wenn wir währenddessen seelisch nicht wachsen. Sie werden uns niemals ermuntern, uns von ihnen wegzuentwickeln, weshalb wir leicht in dieser Beziehung stecken bleiben. Es gibt Zeiten in unserem Leben, in denen wir uns damit zufriedengeben, blind zu lieben, bei jemandem zu bleiben, nur weil er richtig aussieht, auch wenn es sich nicht immer richtig anfühlt.

In diesem Stadium entscheiden wir uns dafür, in einer Beziehung zu verharren, weil uns zu dem Zeitpunkt die Meinung anderer wichtiger ist als unsere Gefühle oder Überzeugungen in Bezug auf unser eigenes Leben.

Ich habe doch alles getan, was von mir erwartet wurde

Unsere erste Liebe ist der Beginn unserer Reise. Sie ist keine bewusste Wahl, um andere glücklich zu machen, sondern dient nur dazu, den Status quo aufrechtzuerhalten. In meinem Coaching-Programm erlebe ich viele fantastische Frauen, die zu mir kommen, nachdem sie ihren Seelenpartner geheiratet, mit ihm Kinder gekriegt haben und sich nun nicht erklären können, warum sie nicht glücklicher sind.

In einem speziellen Fall kontaktierte mich eine einfühlsame und bewusste Frau namens Anna, weil sie sich in der Phase der »Seelenfinsternis« befand, wie wir es in der sich spirituell entwickelnden Welt nennen. In dieser Phase verliert man den Boden unter den Füßen und glaubt nicht mehr, zu wissen, wer man ist, wohin man geht, warum man hier ist. Es ist, als würde die Welt untergehen. Erschwerend kommt hinzu, dass die Menschen um einen herum denken, alles sei in Ordnung.

Anna erkannte, dass sie nicht so glücklich war wie erwartet, obwohl sie in ihrem Leben lauter richtige Entscheidungen getroffen hatte. Sie hatte einen wunderbaren Mann aus ihrem College geheiratet, beide mochten ihre äußerst erfolgreichen Jobs, sie hatten ein Haus gekauft und Kinder bekommen. Trotzdem hatte Anna tief in ihrer Seele das Gefühl, zu ersticken, und wusste nicht, wohin sie sich wenden sollte. Wie oft habe ich Klientinnen sagen hören: »Ich habe doch alles getan, was von mir erwartet wurde.« Worauf ich stets antworte: »Ja, das war auch mein Problem.«

Unser Seelenpartner macht es uns leicht, mit einem halbwegs guten Leben durchzukommen. Dass es nicht das ist, was wir wirklich brauchen, merken wir erst viel später. Erst nachdem wir die Küche zum x-ten Mal renoviert oder endlich dort Urlaub gemacht haben, wo alle Welt hinzufahren scheint, und uns immer noch rastlos fühlen, sodass wir uns fragen: »O Gott, ist das wirklich mein Leben? Wird das jetzt immer so weitergehen?« Das Problem ist: In allen uns bekannten Märchen und Liebesfilmen endet die Geschichte mit der Hochzeit. Nach dem lang ersehnten Kuss oder dem »Ja, ich will« wird der Bildschirm schwarz.

Im Märchen finden wir nie heraus, wie das ewige Glück nach zehn Jahren Ehe und zwei Kindern tatsächlich aussieht.

Vielleicht werden ein paar von uns mit ihrer ersten Liebe glücklich; weil sie jemanden gefunden haben, mit dem sie gemeinsam wachsen können, trotz all der Veränderungen, die das Leben mit sich bringt. Aber von den wenigen Paaren, die in diese Kategorie fallen, würden sicher nicht viele behaupten, dass ihre Liebe im ewigen Glück endet. In einigen Fällen habe ich Leute sagen hören: »Wir haben unsere Ehe überlebt.« Wir sollten nie das Gefühl haben, eine Beziehung zu »überleben«. Deshalb geht es für die paar Glücklichen, die ihre ewige Liebe schon in der ersten Runde gefunden haben, in Wahrheit darum, den jeweils anderen so zu akzeptieren, wie er ist, und auch das eigene Selbst, zu dem man sich gerade entwickelt.

Am Anfang unserer ersten Liebe, der mit unserem Seelenpartner, erkennen wir noch nicht die ganze Wahrheit dieser Beziehung. Wir erkennen nicht, dass wir jemanden aufgrund dessen ausgewählt haben, was wir von unserer Familie gelernt und aufgenommen haben. Wir verstehen nicht, dass wir unmöglich einen Partner fürs Leben wählen können, solange wir nicht wirklich wissen, wer wir sind.

Und vor allem können wir uns nicht dazu verpflichten, »glücklich bis ans Ende unserer Tage« mit jemandem zusammen zu sein, weil das Leben kein Märchen ist, wie viele von uns sich das auch wünschen mögen.

Deshalb konzentrieren wir uns auf die Liebe und versuchen, die Warnzeichen zu ignorieren. Wir sehen darüber hinweg, dass es gelegentlich Dinge gibt, die sich nicht ganz richtig anfühlen, oder dass wir uns nicht wirklich vorstellen können, mit dem anderen alt zu werden. Wir wollen die Risse in unserer Verbindung nicht wahrnehmen, denn sie zu bemerken hieße, dass wir etwas unternehmen müssten. Wenn wir mitten in unserer Seelenpartnerliebe stecken, existiert fast nichts außer der Komfortzone, die diese Beziehung uns bietet.

Wir sehen darüber hinweg, dass wir uns manchmal mit unserem Partner nicht wie wir selbst fühlen, dass er uns nicht voll und ganz versteht. Dass wir ihn manchmal anschauen und bereits merken, dass wir über ihn hinausgewachsen sind, aber trotzdem die Augen davor verschließen, um die Liebe nicht zu verlieren. Wir versuchen, das Offensichtliche zu ignorieren, das dumpfe Gefühl im Bauch, wenn unsere Mutter uns sagt, wir hätten eine gute Wahl getroffen. Wir schauen weg, wenn wir merken, dass unser Seelenpartner etwas missachtet, was uns interessiert, oder wenn klar wird, dass wir ihm womöglich gar nicht so ähnlich sind, zumindest nicht in den entscheidenden Punkten.

Vor allem jedoch wird uns vielleicht langsam bewusst, warum wir so an dieser Liebe hängen – nicht unbedingt wegen der Person, sondern wegen des Märchens, das sie repräsentiert. Wir wollen den unbewussten Teil von uns ignorieren, der merkt, was passiert, wenn wir die Zügel mal lockern und unseren Seelenpartner aus den Fingern gleiten lassen. Dann nämlich müssen wir die schwierige Aufgabe in Angriff nehmen, uns auf die Reise zu machen und herauszufinden, wer wir wirklich sind.

Und wenn das geschieht, werden wir nicht länger in einer Beziehung bleiben können, die sich nicht richtig anfühlt, nur weil der Rest der Welt sie gutheißt, denn sobald wir uns dazu bekennen, unsere eigene Wahrheit zu finden, wird es unmöglich, nicht auch danach zu leben.

DIE WIRKLICHKEIT

Manches passt einfach nicht,
wie sehr wir uns auch bemühen

Wir alle kommen in jene Situationen, in denen wir das Warnschild nicht nur ignorieren, sondern noch kräftig Gas geben, weil wir wild entschlossen sind, an unseren Plänen festzuhalten. Das ist weniger eine Frage von Sturheit (obwohl das auch eine Rolle spielt), sondern liegt eher daran, dass wir uns nicht vorstellen können, was wir tun sollten, wenn wir niemanden hätten, der bestimmt, wer wir sind.

Trotz vieler positiver Eigenschaften unserer Seelenpartner nutzen wir diese Liebe mehr als jede andere, um herauszufinden, wer wir in den Augen der Welt sind. Wir lassen uns leicht zu der Ansicht verleiten, wir hätten schon alles begriffen, wenn wir aus den Visionen, die andere für uns haben, unsere Lebensträume erschaffen. Und da ist noch etwas: Obwohl wir schon zu einem frühen Zeitpunkt dieser Seelenpartnerbeziehung ahnen, warum das Ganze irgendwann scheitern wird, wollen wir es zu der Zeit nicht wahrhaben.

Wir wollen einfach nicht glauben, dass es nicht ewig halten wird, und wir wollen unser selbst entwickeltes Drehbuch keinesfalls abändern.

Die Anzeichen ignorieren

Das Ganze läuft darauf hinaus, dass wir nicht nur der Idee der märchenhaften Liebe verfallen sind, sondern es obendrein versäumt haben herauszufinden, wer wir sind und was wir überhaupt von einer Beziehung erwarten.

Mein Seelenpartner war ein wunderbarer Mensch, doch inzwischen bin ich in der Position, ehrlich gegenüber mir selbst zurückzublicken und zu erkennen, warum es auch in der zweiten (oder dritten) Runde nicht funktionieren konnte. Einmal sagte er zu mir: »Wenn du keine Kinder hättest, wären wir zusammen.« Damals tat ich es ab – eine Umschreibung dafür, jemanden bewusst zu ignorieren, der sagt, er kann nicht derjenige sein, den man braucht. Ich dachte, mit der Zeit würde er seine Meinung ändern, schließlich war ich hingerissen von meinen Mädchen. Wie also konnte er sie nicht als Bonus für das Zusammensein mit mir betrachten?

Doch er war damals ehrlich zu mir, genauso als er mir sagte, er sei auf der Suche nach dem Märchen: Er wolle heiraten, eigene Kinder haben und ein Haus kaufen. Und während ich eine Antwort zusammenstotterte, die nach dem klang, was man von mir erwartete, regte sich tief in mir die Erkenntnis, dass dies nicht der Ort war, an dem ich sein sollte.

Wir hatten unterschiedliche Vorstellungen von Liebe, nicht weil wir einander nicht gernhatten oder die Verbundenheit fehlte, sondern weil unsere Kernbedürfnisse nicht zusammenpassten. Ich brauchte jemanden, der mich voll und ganz akzeptierte, mitsamt meinen wilden, lebhaften Töchtern. Ich war mehr darauf aus, frei zu sein, Dinge anders zu machen, zu reisen und etwas in der Welt zu bewirken, als zu heiraten und noch einmal auf herkömmliche Art von vorn zu beginnen.

Und das ist auch in Ordnung. Das Problem mit unserem Seelenpartner aber ist, dass wir uns wünschen, es würde passen.

Es sind großartige Menschen, sie geben uns das Gefühl, selbst ein besserer Mensch zu sein. Daher halten wir an ihnen fest. Wir versuchen, uns einzureden, dass wir vielleicht die Person sein können, die sie brauchen, ohne wirklich zu erkennen, dass wir uns nicht in das Lebensmodell eines anderen einfügen lassen. Wir können nicht die Person sein, die unser Liebhaber erwartet, wir können kein Leben führen, das uns nicht entspricht, und wir können auch keine Beziehung aufrechterhalten, deren Ende vorherbestimmt ist. Wegen genau dieser Vorstellung verharren so viele von uns in Beziehungen, die ihre Bedürfnisse letztlich nicht befriedigen: nicht, weil die Liebe fehlt, sondern weil wir den anderen nicht ändern können. Wir können nicht ändern, was er sich vom Leben wünscht oder was Liebe für ihn bedeutet.

Doch gerade zu Beginn dieser Beziehung konzentrieren wir uns statt auf uns auf den anderen: Wie können wir diesem Menschen genug geben, dass er bei uns bleiben will? Was für Kompromisse können wir eingehen, um mit ihm zusammenzuleben? Und natürlich: Wie können wir uns ändern, damit er mit uns zusammen sein will?

Dabei halten wir kein einziges Mal inne und überlegen, ob es sich überhaupt um die Person handelt, die wir wollen. Wir fragen uns nicht, ob sie in der Lage ist, *unsere* Kernbedürfnisse zu erfüllen. Denn solange unser Ego involviert ist, wird es die Arbeit immer wieder auf jemand anderen abwälzen, anstatt sie uns selbst zu überantworten.

Von außen betrachtet, hat Leah das perfekte Leben: einen gut aussehenden Mann, süße Kinder und einen wundervollen Beruf. Es ist ein beneidenswertes Leben. Doch mit zunehmendem Alter machen wir die Erfahrung, dass der äußere Schein trügt – vor allem was Beziehungen angeht. Leah war nicht glücklich in ihrer Ehe. Da sie aber scheinbar keinen berechtigten Grund hatte auszubrechen, fand sie es einfacher, zu versuchen, sich selbst zu ändern. Sie begann, Dinge aufzugeben, die sie mochte, ihr Mann aber nicht schätzte; und sie sprach nicht mehr über das, was ihr wichtig war, weil er nicht mit ihr übereinstimmte.

All das lief unbewusst ab. Leah wachte nicht auf und dachte: »Ich werde mich ändern, damit meine Ehe besser funktioniert.« Trotzdem lief es genau darauf hinaus. Es sind die einzelnen Zugeständnisse, die sich langsam anhäufen, bis wir eines Morgens in den Spiegel schauen und uns fragen, wie zum Teufel es so weit mit uns kommen konnte.

Einer der Hauptgründe, warum diese Beziehung unsere erste ist, liegt darin, dass man uns als Kinder oft gesagt hat, wir sollten Dinge nicht so einfach aufgeben, sondern an ihnen dranbleiben. Und in gewisser Weise waren es genau diese Leitsätze, denen sich das Zusammenbleiben zur Zeit unserer Großeltern und Eltern verdankt.

Eines Nachmittags saß ich bei meiner Großmutter in der Küche. Während die niedrig stehende Sonne durchs Fenster schien, nippte ich an einem Whiskey Sour und unterhielt mich mit ihr über Liebe und Ehe. Erst seit Kurzem geschieden, fühlte ich mich als ziemliche Versagerin, weil es bei mir, anders als bei so vielen Leuten, nicht »funktioniert« hatte. Da meinte meine Großmutter, dass sich die Leute zu ihrer Zeit nicht scheiden ließen, was jedoch nicht bedeutete, dass die Beziehungen intakt oder liebevoll waren.

Sie erzählte mir von einem ihr bekannten Paar, das aller Welt vorspielte, es wäre nach wie vor zusammen und verliebt, während er schon lange sein Bett in die Garage verlegt hatte. Sie waren verheiratet, lebten unter einem Dach, und dennoch funktionierte es nicht richtig.

Oft sind wir in unserem Leben so darauf fixiert, etwas Bestimmtes zu bekommen, dass wir all unsere eigenen Wünsche und Bedürfnisse opfern, nur um daran festhalten zu können. Seelenpartner werden uns nicht in offensichtlicher Weise dazu auffordern, eine bessere Version unserer selbst zu werden. Sie werden uns nicht bitten, unseren Status quo aufzugeben oder uns endlich zu entscheiden, uns selbst zu finden. Dafür sind sie nicht in unser Leben gekommen.

Viele von uns müssen erst herausfinden, was sie nicht wollen oder was nicht funktioniert, bevor sie motiviert genug sind, um in ihrem Leben wirklich voranzukommen und andere Entscheidungen zu treffen. Die Frage lautet dann nur noch, wie lange wir etwas am Laufen halten, was eigentlich gar nicht auf Dauer angelegt war.

Zu Beginn unserer romantischen Reise ersetzen wir unser Identitätsgefühl durch unsere aktuelle Beziehung. Wir sind »die Frau/Freundin von Soundso« und so weiter. Die Beziehung wird zu dem, was wir sind, und das kann sich ziemlich gut anfühlen, besonders wenn wir einen neuen Freundeskreis gewinnen und unsere Familie begeistert ist. Das heißt, wir sind nicht bloß wir selbst, sondern wir identifizieren uns als die Person, zu der wir durch unsere Beziehung geworden sind.

Hier kommt nun das Ego ins Spiel, wenn wir entscheiden, ob wir bleiben oder gehen. Das Ego will, dass andere uns in einem positiven Licht sehen. Das Ego will, dass wir erfolgreich sind, nicht, dass wir verlieren. Das Ego will aber auch nicht, dass wir uns unwohl oder unsicher fühlen. Unser Leben zu ändern und einen Seelenpartner zu verlassen bedeutet, dass wir uns über ebendieses Ego hinwegsetzen müssen, denn es lechzt nach dem Status, der Sicherheit und dem Selbstvertrauen, die diese Beziehung uns verleiht. Andernfalls müssen wir herausfinden, wer wir unabhängig von der Identität als Frau oder Freundin unseres Seelenpartners sind.

Unsere Kernbedürfnisse kennenlernen

Seelenpartner sind in vielerlei Hinsicht unkompliziert. Der schwierige, letztlich entscheidende Faktor ist, dass wir nicht gleichzeitig mit dieser Art Liebhaber zusammen sein und wirklich wir selbst sein können. Das ist jedoch etwas, was wir erst mit der Zeit herausfinden. Wir müssen uns über unseren Seelenpartner definieren, denn nur so fühlen wir uns gefangen genug, um anschließend die angsteinflößende Entscheidung zu treffen herauszufinden, wer wir wirklich sind.

Unser Seelenpartner muss unkompliziert sein, damit wir lernen, dass wir Herausforderungen brauchen. Im Grunde müssen wir erst den Regeln der Liebe und des Glücks folgen, um dann zu erfahren, dass gar keine Regeln existieren. Alles in der Liebe dient als Baustein, um zu unserem wahren Selbst zu finden, aber auch, um herauszufinden, was wir von einer anderen Person benötigen. In Beziehungen hat jeder von uns Kernbedürfnisse, um glücklich, verliebt und zufrieden zu sein, mit dem Partner und dem Leben im Allgemeinen. Bleibt eines dieser Bedürfnisse unbefriedigt, sind wir verwirrt, weil alles andere so gut läuft. Und dann versuchen wir, es anzupassen, auch wenn es nicht so gedacht ist. Das führt zu der unbewussten Entscheidung, jemanden in eine Leerstelle in unserem Leben einzufügen, obwohl derjenige sie nicht als authentisches Selbst ausfüllen kann.

Unsere Kernbedürfnisse sind nicht nur die Motivation für jede Beziehung, die wir eingehen, sie sind auch das Barometer dafür, ob diese halten wird oder nicht.

Diese Bedürfnisse variieren – abhängig davon, wer wir sind und in welcher Lebensphase wir uns befinden. Sogar ein und dieselbe Person wird in verschiedenen Phasen einen unterschiedlichen Satz an Kernbedürfnissen haben. Erinnere dich nur an dich selbst mit zwanzig oder auch als Teenager. Damals hatten wir, was unsere Partner angeht, wahrscheinlich eher soziale Bedürfnisse. Wir wollten jemanden, mit dem wir Spaß haben konnten, der bequem für uns war, den wir gern küssten und der zudem unseren Freunden gefiel. Wenn wir älter werden, ändern sich diese Bedürfnisse hin zu jemandem, der ein guter Elternteil, ein guter Ehemann beziehungsweise eine gute Ehefrau zu sein scheint und finanziell abgesichert ist.

Doch solange wir unsere Kernbedürfnisse an äußeren Faktoren ausrichten, werden wir niemals echte Erfüllung erleben.

Während wir verschiedene Beziehungen durchlaufen, ändert sich das, was wir von einem Partner brauchen. Statt nach jemandem zu suchen, der gut zu unseren Freunden passt oder ein guter Versorger ist, beginnen wir, uns nach jemandem zu sehnen, der eher unseren seelischen Bedürfnissen entspricht. Das könnte bedeuten, dass uns bei unserem zukünftigen Partner ein Sinn für Spiritualität, Bewusstsein oder Achtsamkeit wichtig ist, weil wir dies inzwischen bei uns selbst schätzen. Auch werden wir uns wahrscheinlich langsam nach jemandem sehnen, der uns inspiriert oder herausfordert, die bestmögliche Version unserer selbst zu werden. Obwohl sich diese Bedürfnisse ständig ändern, fangen sie erst in dieser Phase der Seelenpartnerliebe an, sich zu etablieren.

Das ist die beängstigende Zeit, in der wir zu realisieren beginnen: Okay, das ist vielleicht nicht, was ich will, aber anscheinend weiß ich noch gar nicht, was ich will. In der Wirklichkeitsphase unserer Seelenpartnerbeziehung neigen wir dazu, ehrlicher zu uns selbst zu sein, nicht unbedingt, weil wir das möchten oder uns bereit fühlen für die Veränderungen, die wir damit eventuell anstoßen, sondern weil es sich kaum mehr vermeiden lässt.

An diesem Punkt fangen wir an, ehrlicher über unsere Erwartungen an einen Partner nachzudenken, und spüren vielleicht, dass wir jemanden brauchen, der uns voll und ganz unterstützt. Dass wir uns jemanden wünschen, der uns dabei hilft, uns frei zu fühlen, oder auch dabei, mehr darüber herauszufinden, wer wir sind. Obwohl diese Fragen notwendig sind, erkennen wir nicht, dass wir immer noch eine andere Person benötigen, um ein gewisses Selbstgefühl zu entwickeln, da wir allein nicht dazu in der Lage sind. Und das wird tatsächlich helfen, unsere nächste Beziehung einzuläuten: die karmische.

Ich frage meine Klientinnen immer: »Was ist für Sie unverhandelbar?« Damit meine ich jene Kernbedürfnisse oder Wünsche, bei denen man zu keinerlei Kompromissen bereit ist. Mal ist es der Wunsch, dass er offen für Kinder ist, mal, dass er ein Versorger ist oder auch dass er großen Wert auf Körperpflege legt. Was immer diese unverhandelbaren Dinge auch sein mögen, wenn sie zu unseren Kernbedürfnissen gehören, fungieren sie zu Beginn einer neuen Beziehung als großartiger Check-in-Schalter.

Mithilfe des Unverhandelbar-Modells gewinnen wir die Monate oder Jahre, die wir sonst mit jemandem verbracht hätten, der etwas anderes wollte als wir, für uns und werden uns im Vorfeld zudem besser über unsere Bedürfnisse klar.

Oft bitte ich Frauen, ihre Unverhandelbar-Liste noch weiter zu verdichten, und zwar zu einem einzigen Wort. Ich vergleiche das mit einer Stellenbeschreibung: Welches Wort würdest du in einer Anzeige für deinen Lebenspartner verwenden? Versorger? Ernährer? Mutmacher? Beschützer? Wenn wir in der Lage sind, unsere Bedürfnisse mit einem Wort zu definieren, erkennen wir, worauf es uns in einer Beziehung ankommt, und dann können wir uns darauf konzentrieren. Denn vielleicht hält er sich nicht an alle unverhandelbaren Dinge, vielleicht sind Fragen der Entfernung zu klären. Doch wenn unser einzelnes Wort auf ihn zutrifft, lohnt es sich vielleicht, zu beobachten, wie sich diese Beziehung entwickelt.

All diese Gefühle und Erkenntnisse sind notwendig, weil sie uns helfen, uns selbst und unseren Lebensweg endgültig nicht mehr über unseren Seelenpartner zu definieren, und uns stattdessen die Freiheit geben, diese Dinge selbst zu gestalten.

Erst dann beginnen wir, die Situation so zu sehen, wie sie wirklich ist, und hören vielleicht auf, sie um jeden Preis passend machen zu wollen. Allerdings hören wir nicht damit auf, weil keine Liebe mehr da ist, und das ist nur ein Grund, warum uns die Trennung von unserem Seelenpartner so schwerfällt. Es ist immer einfacher, Schluss zu machen, wenn man nichts mehr für den anderen empfindet.

Nur weil die Beziehung endet, muss das nicht auch für die Liebe gelten

Im Laufe unseres Lebens wird uns zunehmend klar, dass wir uns eigentlich nie von jemandem »entlieben«, sondern dass sich eher die Liebe und unser Bedürfnis nach ihr verändern. Unser Seelenpartner ist unsere erste Liebe, derjenige, der der Liebe ihre Bedeutung verlieh. Es scheint, als könnten wir uns gar nicht mehr wünschen, bis wir uns zu fragen beginnen, was *genau* wir eigentlich von diesem Leben erwarten. Diese Liebe verschwindet also nicht wirklich, sie stirbt nicht, und nur ganz selten gehen Seelenpartner im Hass auseinander. Stattdessen realisieren wir allmählich, dass die Liebe zu unserem Seelenpartner eine Konstante ist; ein Gefühl, als würden wir uns vor dem Kaminfeuer auf die Couch kuscheln, mit unserem Lieblingsbuch, das wir schon tausendmal gelesen haben.

Dann beginnen wir, zu verstehen, dass diese Liebe einfach bequem war. Und obwohl wir damals genau diese Erfahrung brauchten, half die Liebe uns nicht, den Weg zu verfolgen, der uns zu dem Menschen macht, der wir in diesem Leben sein sollen.

Ich verliebe mich nicht oft in jemanden, aber wenn, ist es für immer. Einer meiner Ex-Partner, ein Mann, von dem ich dachte, er wäre mein ewiges Glück, verschwand in einem folgenschweren Tornado der Selbsterkenntnis aus meinem Leben. Irgendwann dachte ich, ich würde ihn nicht mehr lieben, ja, ich hätte ihn vielleicht nie geliebt. Es ist schon erstaunlich, was das Ego uns einflüstern kann, wenn es etwas nicht zugeben will.

Es war befreiend, mir selbst – und auch ihm – einzugestehen, dass ich ihn immer noch liebte, denn manchmal stirbt die Liebe nicht. Was nicht zwangsläufig bedeutet, dass die Beziehung weiterlaufen muss, vor allem, wenn nur eine Person das will.

In mancher Hinsicht erinnert mich diese Seelenpartnerphase an die Komödie »Beste Feindinnen« mit Anne Hathaway und Kate Hudson. In diesem entzückenden Film kommt es zum Wettstreit zwischen zwei besten Freundinnen, deren Hochzeiten zufällig auf den gleichen Tag fallen. Emma, gespielt von Anne Hathaway, macht vor dem Altar mit ihrem Verlobten Schluss. Ihre Begründung: Er liebe die Person, die sie früher gewesen sei, das Mädchen, in das er sich im College verliebt habe, und nicht die mittlerweile erwachsene Emma. Damit gibt sie genau das Gefühl wieder, das viele Seelenpartner auf der ganzen Welt haben, wenn es zu kriseln beginnt: »Du liebst nicht mich, mein wahres Ich, sondern eine Vorstellung von mir.«

Es ist schwierig, zu verstehen, warum eine Beziehung, von der wir dachten, sie sei für immer, sich plötzlich anfühlt, als wäre es nie echte Liebe gewesen. Aber es war Liebe, das Einzige, was sich geändert hat, sind wir. Unsere Definition von Liebe ändert sich, wenn wir uns selbst besser kennenlernen und unsere Kernbedürfnisse und unverhandelbaren Punkte bewusster wahrnehmen. Der interessante Aspekt dieser Beziehung ist, dass eher ihre traditionelle Seite uns dazu animiert, uns weiterzuentwickeln, nicht die persönliche Dynamik zwischen uns und unserem Seelenpartner.

Manchmal wissen wir nicht, wie sehr wir uns wünschen, zu fliegen, bis wir merken, wie wenig wir dazu in der Lage sind. Manchmal braucht es jemanden, der auf eine kleine Kiste zeigt und sagt »Sieh zu, dass du dich hier einfügst«, damit wir antworten »Nie im Leben« und uns endgültig auf die Suche nach dem machen, was am besten zu uns passt.

Doch um zu wissen, was für eine Liebe wir brauchen, müssen wir erst all die Arten von Liebe erleben, die es nicht sind. Das heißt, in dieser Phase ändern sich nicht nur unsere Kernbedürfnisse – wir sind weniger auf die Gesellschaft als auf unsere persönliche Entwicklung ausgerichtet –, sondern wir merken auch, dass sich unsere Vorstellung von Liebe wandelt. Anfangs setzen wir Liebe meist gleich mit dem »Auf immer und ewig«-Gefühl, mit Eheringen, weißen Kleidern und lebenslangen Versprechen. Sobald wir uns Liebe nicht mehr nur als romantische Disney-Mode vorstellen, können wir anfangen, die Dynamik eines Gefühls zu erkunden, das zwei Menschen nicht lediglich hilft, *für immer* zusammenzubleiben, sondern *in Liebe* zusammenzubleiben.

Unser Seelenpartner liebt uns aus tiefstem Herzen, aber wie eine meiner Klientinnen einmal sagte: »Wir können nicht weiter zum Baumarkt gehen und erwarten, dass wir dort Brot bekommen.« Das gilt sowohl für unsere Beziehungen als auch für die Liebe, die wir wählen. In vielerlei Hinsicht wählen wir unsere Seelenpartner nicht bewusst. Wir passen zusammen aufgrund unserer Herkunft, der Gesellschaft und sogar des Gefühls der Sicherheit, das wir einander geben. Deshalb ist es aber nicht unbedingt das, was wir wirklich benötigen. Dass jemand einen aus tiefstem Herzen liebt, heißt noch nicht, dass er einem auch das geben kann, was man wirklich von einem Partner braucht.

Unsere Seelenpartner würden uns niemals verlassen. Doch das heißt nicht, dass sie auch bleiben können.

Wahrhaben, dass es vorbei ist

Irgendwann fühlt es sich so an, als würden wir uns von unserem Seelenpartner wegentwickeln, als würde er bei Kilometer eins verweilen, während wir schon bei Kilometer fünf angekommen sind. Wir merken, dass die Liebe uns auf die Pelle rückt, dass sie zu viel von uns erwartet, und so beginnen wir, uns zu entfernen. In gewisser Weise fordern uns diese neuen Gedanken zwar heraus, doch statt uns unserem persönlichen Wachstum zu widmen, wenden wir uns von unserem Seelenpartner ab, um die Person aufzugeben, die wir mit ihm waren. Die Tatsache, dass wir uns nie wirklich für diese Beziehung entschieden haben, verkompliziert das Ganze.

Wie ein Bumerang entfernen wir uns und kehren immer wieder zurück. Denn obwohl wir den anderen lieben, fällt es uns schwer, zu erkennen und zu akzeptieren, dass es nicht die Liebe ist, die wir brauchen.

Unter der Oberfläche werden wir allmählich mit unserer eigenen Dunkelheit konfrontiert. Wir werden uns schuldig fühlen, dass wir uns von jemandem trennen, der uns vorbehaltlos geliebt hat. Wir werden den Bruch der Beziehung als persönliches Scheitern ansehen. Und in ebendieser Phase werden wir uns endlich fragen, was Liebe eigentlich ist. Wir werden an unseren Entscheidungen zweifeln und befürchten, dass wir womöglich den größten Fehler unseres Lebens begangen haben.

Wir müssen jedoch erst die Dunkelheit kennenlernen, bevor wir zum Licht gelangen. Und aus genau diesen Gründen wird sich die Dunkelheit durch unsere nächste, die karmische, Beziehung ziehen.

Sich von unserem Seelenpartner zu trennen ist nicht das Gleiche, wie eine langjährige Beziehung zu beenden oder sich von jemandem zu lösen, den wir lieben. Tatsächlich müssen wir eine Art zu leben und zu sein aufgeben. Unabhängig davon, wer wir sind – ob Mann oder Frau – haben wir alle eine Vision für unser Leben, aber dies war eine Phase der Konventionen, der Anpassung.

Wenn wir unsere Seelenpartnerbeziehung beenden, entscheiden wir uns gegen den Mainstream, befreien uns vom allgemeingültigen Verhaltenskodex und enttäuschen zudem die, die wir am meisten lieben.

Um die Trennung von unserem Seelenpartner zu bewältigen, müssen wir damit leben können, wieder Single zu sein, auf Partnersuche zu gehen, erst zu einem späteren Zeitpunkt zu heiraten. Und wir müssen damit klarkommen, dass die Person, für die wir uns entscheiden werden, anders sein wird, als wir sie uns vorgestellt haben.

All unsere Liebesbeziehungen – die Seelenpartner und die karmischen Leidenschaften – müssen wir durchleben, um diese Lektionen vollständig zu lernen und zu verinnerlichen. Hier beginnt jedoch die Arbeit an uns selbst, und wir bekommen endlich die Chance, nicht nur unser eigenes Leben zu gestalten, sondern auch herauszufinden, was uns glücklich macht.

Jamie ist seit fast zwanzig Jahren mit demselben Mann verheiratet und gerade dabei, das zu erforschen. Alles, was sie bisher kennengelernt hat, ist eine chaotische und unglückliche Ehe. Sie ist nicht in der Lage, überhaupt wahrzunehmen, was sie glücklich macht. Bei einem unserer letzten Gespräche sagte sie: »Ich weiß, dass ich es schaffen kann, ich weiß, dass ich mich durchschlagen könnte, aber ich frage mich, ob es im Leben nicht mehr gibt als das.«

Ich wollte sie durchs Telefon hindurch packen und ihr antworten: »Natürlich gibt es mehr im Leben, als unglücklich zu sein!« Noch dringender aber wollte ich ihr sagen, dass wir nicht eine Minute lang denken sollten, im Leben gehe es nur darum, sich durchzuschlagen. Während wir uns unterhielten, verriet sie, dass ihre Kinder einer der entscheidenden Faktoren waren: Sie wollte nicht, dass sie etwas durchstehen mussten, was sie in ihrer Vorstellung zum schlimmstmöglichen Szenario aufgebläht hatte: die Scheidung.

Mehr als bei jeder anderen Form der Liebe spielen in dieser Art der Beziehung unsere Familie und Unterstützer eine zentrale Rolle. Schließlich ist unser Seelenpartner die Person, die sie sich für uns wünschen, und wir tun genau das, was sie von uns erwarten: kontinuierlich den Blaupausen fürs Leben zu folgen, die man uns als Kinder vermittelt hat, ohne wirklich zu wissen, ob sie uns zum vollkommenen Glück führen werden. Daher erscheint es uns oft als Totalversagen, wenn wir diese Beziehungen verlassen.

Unsere Familie hat normalerweise kein Problem damit, uns mitzuteilen, dass wir sie enttäuscht haben, oder uns Sachen zu sagen wie: »Es ist eine echte Schande, dass es mit euch beiden nicht geklappt hat, ihr habt perfekt zusammengepasst!« Als ob das das Problem wäre, als ob die Verbindung und Beziehung zweier Menschen nur eine mathematische Gleichung wäre.

Zu wissen, wer wir sind, ist essenziell, um zu wissen, welche Art von Liebe wir benötigen, um aufzublühen. Zwar braucht es Zeit, zu lernen, dass das Glück unserer Familie nicht zugleich unser eigenes garantiert. Doch sobald wir uns von unserem Seelenpartner trennen, erkennen wir, dass wir über die Erwartungen anderer hinauswachsen müssen, wenn wir in diesem Leben echte Erfüllung finden wollen. Es scheint vielleicht widersprüchlich, dass wir aufhören müssen, so zu sein, wie unsere Familie uns haben will, um zu erfahren, wer wir wirklich sind. Aber in vielerlei Hinsicht gibt es einfach keine andere Option.

Vielleicht haben manche von uns Familien, die sie mehr unterstützen als andere. Dennoch müssen wir aufhören, die vermeintlich richtigen Entscheidungen zu treffen, und stattdessen auf unsere Gefühle hören.

In dieser Lebensphase stehen wir erst am Anfang unserer Entwicklung, beginnen wir zu erahnen, wer wir wirklich sind. Das kann beängstigend sein. Das Beste, was wir in dieser Zeit tun können, ist, schlichtweg zu lernen, uns selbst zu vertrauen: Wenn sich etwas unpassend anfühlt, wenn es für uns beziehungsweise die Person, zu der wir uns entwickeln, nicht das Richtige ist, dann brauchen wir nicht nach einem Grund zu suchen, sondern müssen uns einfach vertrauen. Wir alle suchen nach logischen Gründen, warum etwas nicht funktionieren wird. Wir behaupten gern, dass wir unterschiedliche Interessen haben oder uns in verschiedene Richtungen bewegen. Aber manchmal gibt es gar keinen Grund, warum es zwischen zwei Menschen nicht klappt. Das einzig Entscheidende ist, dass sie nicht dazu bestimmt sind.

Sich diese Wahrheit einzugestehen ist leider nicht leicht, und oft begreifen wir sie erst nach unzähligen Versuchen. Es ist ein langsamer Prozess, bei dem wir zuerst die Realität der Beziehung erkennen und uns dann mit der aufgedeckten Wahrheit anfreunden, um anschließend mit unserem Partner darüber sprechen zu können. Wahrscheinlich wird er es beim ersten Mal nicht akzeptieren. Er wird sich gegen eine Trennung wehren, versuchen, uns zum Bleiben zu überreden, oder uns sogar Schuldgefühle einreden.

Es kommt selten vor, dass Seelenpartner gleichzeitig die Wahrheit über ihre Beziehung erkennen. Es gibt immer einen, der sich als Erstes weiterentwickelt und realisiert, dass es nicht das ist, was er sich wirklich von einem Partner wünscht, auch wenn er sich in der Beziehung an sich wohlfühlt. Wenn wir unsere Wahrheit einmal akzeptiert haben, bleibt uns nichts anderes übrig, als sie unserem Partner zu offenbaren. Je unsicherer wir in unseren Entscheidungen sind, desto länger wird es dauern, bis diese Beziehung ein Ende findet, und wir damit abschließen und in unserem Leben weitergehen können.

In diesem Prozess müssen wir uns vergegenwärtigen, dass wir nicht hier sind, um Entscheidungen zu treffen, die andere glücklich machen. Wir sind nicht hier, um uns nach dem Plan eines anderen zu richten. Letztlich geht niemand eine Beziehung in der Erwartung ein, dass sie enden und jemanden verletzen wird. Was aber nicht bedeutet, dass das nicht vorkommt. Aus Schmerz können wir lernen und mehr Verständnis für uns und andere entwickeln.

Obwohl unsere karmische Beziehung diejenige ist, bei der sich die Partner den größten Schmerz zufügen, berührt uns auch eine Seelenpartnertrennung sehr tief. Denn wenn wir uns gegen diese Beziehung entscheiden, kommt es uns so vor, als enttäuschten wir nicht nur einen einzelnen Menschen, sondern die ganze Welt.

Im Endeffekt geht es jedoch nicht um den Rest der Welt. Es geht auch nicht um die Gesellschaft oder unsere Familie. Es geht um unsere zerbrochenen Träume, weil wir uns eine gewisse Vorstellung von einer Beziehung gemacht haben, die nicht der Realität entspricht. In diesem Fall müssen wir uns nicht nur mit unserem Ego konfrontieren, weil das Leben anders verläuft als in unserer Vorstellung, sondern auch mit unserem Herzen, weil es ihm äußerst schwerfällt, jemanden loszulassen, den wir lieben und um den herum wir einen Traum erschaffen haben.

Maggie liebt alles, was groß ist. Sie hat eine große Persönlichkeit, ein noch größeres Herz und will in jedem nur das Beste sehen. Vor allem aber glaubt sie, dass das Unmögliche möglich ist: Maggie glaubt an jene verrückten Liebesgeschichten, bei denen zwei Menschen trotz widrigster Umstände wieder zueinanderfinden. Als ihr Partner psychische Probleme bekam und sich weigerte, Hilfe anzunehmen, fiel es ihr daher schwer, die Realität zu akzeptieren. Es fiel ihr schwer, zu erkennen, dass die Beziehung womöglich auf ihr Ende zusteuerte und es nun nicht darum ging, sich noch mehr anzustrengen oder es durchzustehen, sondern vielmehr zu sehen, was vor ihren Augen tatsächlich vor sich ging. Deshalb blieb sie. Sie blieb, obwohl sie eigentlich gehen wollte, nicht nur, weil sie das vierte Quartal im großen Spiel der Liebe gewinnen wollte, sondern weil sie nicht wusste, wie sie jemanden verlassen sollte, den sie liebte.

Es ist nicht leicht, die Realität anzuerkennen. Denn auch wenn wir unseren Partnern sagen, dass es vorbei ist, sind wir vielleicht selbst noch gar nicht davon überzeugt. Es mag sich anfühlen, als würden wir etwas anprobieren, um zu sehen, ob es passt – im Sinn von: »Ich frage mich, ob ich wirklich glücklicher wäre, wenn ich nicht mehr mit dieser Person zusammen wäre.« Wir verrennen uns in die Fragen, wie wir Schluss machen sollen, wie wir weitergehen sollen, wie wir in einer Beziehung sein können, von der wir niemals dachten, dass sie irgendwann enden würde, dies aber nun tatsächlich der Fall ist.

Genau diese Dilemmata sind auch ein Teil des Prozesses. In diesem Stadium denken wir immer noch, dass es eine richtige und eine falsche Art gibt, etwas zu tun. Wir begreifen einfach nicht, dass es darum geht, *es* zu tun.

Wir müssen uns zu unserem Glück verpflichten. Zwar verschiebt sich unser Verständnis von Glück zu einem späteren Zeitpunkt, doch in dieser Phase kommt es uns fast so vor, als hätte man uns ein Leben lang gesagt, dass wir unsere Kleidung nur im Laden nebenan kaufen können, und dann stehen wir plötzlich vor einem großen Kaufhaus und sind überwältigt, weil es dort so viel mehr gibt, als wir je für möglich gehalten haben.

Ins Feuer gehen

Jede von uns ist ein Phönix. Jede von uns ist dazu bestimmt, ihre schönen starken Flügel auszubreiten, sich aus der Asche zu erheben und höher zu fliegen, als wir je zu träumen gewagt haben. Doch bevor wir das tun, müssen wir ins Feuer gehen. Das Leben ist größer, als wir es uns in diesem Moment vorstellen können, und es geht darin um mehr, als sich anzupassen und nett zu sein. Wir haben ein höheres Ziel, als lediglich denjenigen zu heiraten, mit dem unsere Familie einverstanden ist, uns niederzulassen, Kinder zu kriegen und letztlich darauf zu warten, dass wir sterben, ohne jemals wirklich gelebt zu haben. Doch um zu erfassen, was alles möglich ist, müssen wir mutig genug sein, danach zu greifen. Wir müssen uns entscheiden, das loszulassen, was wir haben, ohne zu wissen, was als Nächstes kommt. Das heißt, wir werden nicht schon auf alles eine Antwort haben. Wir werden also den Absprung wagen müssen, ohne wirklich zu wissen, wohin er uns führt.

An diesem Punkt müssen wir auf unsere Seele hören, auf unser Herz, und aufhören zu glauben, alle anderen wüssten besser als wir selbst, was wir wollen.

Nachdem wir unseren Seelenpartner verlassen haben, sind wir heiß aufs Leben. Nie mehr wollen wir uns in diese öde, abgenutzte Kiste zwängen, in der wir nach Meinung aller anderen leben sollten. Das bedeutet jedoch nicht, dass unsere Lektionen vorbei sind. Es heißt nur, dass diese Liebe der Ausgangspunkt ist. Auch wenn wir nach unserer karmischen Liebe umgehend wieder zu ihr zurückkehren, nachdem jene unser Leben dezimiert hat, ist es dennoch der Beginn von dem, was kommen wird. Unsere Seelenpartner bringen unsere Herzen wieder auf Touren, sie wecken jene wunderbaren Gefühle der Liebe und Sehnsucht in uns. Und gerade die Tatsache, dass diese Beziehung nicht funktioniert, fordert uns heraus, unseren eigenen Lebensweg zu finden.

Niemand verlässt eine bequeme Situation, wenn es nicht unbedingt sein muss. Niemand beschließt, jemanden zu verletzen, wenn es nicht absolut notwendig ist. Und niemand denkt zuerst an sich, wenn er es nicht verdammt satthat, alle anderen zufriedenzustellen.

Der eine Aspekt dieser Phase der Seelenpartnerbeziehung ist, dass wir immer wieder zueinander zurückkehren und es noch einmal versuchen, auch wenn wir wissen, dass wir nicht das perfekte Paar sind (das ist die Definition von Wahnsinn: stets das Gleiche tun und unterschiedliche Ergebnisse erwarten). Meistens sehen wir erst nach mehrfachen Versuchen ein, dass wir diese Beziehung endgültig beenden müssen. Eine große Rolle spielt dabei der Mangel an Selbstvertrauen, den viele in dieser Phase erleben. Doch je mehr Selbstvertrauen wir erwerben, desto besser sind wir in der Lage, die Hauptrolle in unserem Leben zu übernehmen.

Auch wenn wir wissen, dass es vorbei ist, auch wenn wir uns von der Angst befreien, heißt das nicht, dass unser Seelenpartner unser Leben für immer verlässt: Es kommt selten vor, dass wir nach der Trennung kein Wort mehr miteinander wechseln. Das kann daran liegen, dass wir ein gemeinsames Kind haben, es kann aber auch einfach sein, dass wir in regelmäßigen Abständen den Drang verspüren, mit ihm Kontakt aufzunehmen.

Obwohl ich schon seit vielen Jahren nicht mehr mit meinem Seelenpartner zusammen bin, spürte ich vor Kurzem das Bedürfnis, ihn zu kontaktieren, um zu erfahren, wie es ihm geht. Für ihn war das eine seltsame Überraschung, weil er in der Nacht zuvor von mir geträumt hatte – ein klassischer Vorfall bei Seelenpartnerverbindungen. Es war nicht so, dass wir uns wiedervereinten oder uns danach sehnten: Unsere Seelen machten einfach einen Check-in. Er erzählte mir von seinem Leben und wie er sich entwickelt hatte, ich teilte ihm Neues von mir mit.

Sobald die Beziehung mit unserem Seelenpartner tatsächlich endet, ist es auch mit der physischen Intimität und Anziehung vorbei. Manchmal haben wir sogar Glück, und er wird einer unserer engsten Freunde.

Seelenpartner erfüllen einen wichtigen Zweck in unserem Leben. Eine ihrer wichtigsten Rollen besteht darin, der erste Schritt auf der Reise zu uns selbst zu sein. Wir brauchen nicht mehr die Identität, die Komfortzone, die Geschichte oder gar die Bestätigung, die sie und die Verbindung zu ihnen uns vermittelten.

Es liegt an uns loszulassen, wenn die Zeit gekommen ist, und nie mehr zurückzuschauen, denn die Wahrheit jeder Beziehung ist: Wenn sie dazu bestimmt wäre, zu funktionieren, wenn es wirklich deine ewige Liebe wäre, dann wäre der andere jetzt noch bei dir, aber das ist nicht der Fall.

Und das ist nicht nur in Ordnung, es ist auch genau so, wie es sein soll. Von allen Beziehungen, die wir in unserem Leben eingehen, ist nur eine dazu bestimmt, bis ins hohe Alter anzudauern. Nur eine wird dir zeigen, warum es mit keiner anderen funktionieren konnte.

DIE LEKTION

Erst wenn wir glücklich sind,
können wir andere glücklich machen

Jede von uns spürt einen Takt in sich, der im Einklang mit unserem einzigartigen, persönlichen Rhythmus schlägt. Es ist eine Stimme, die uns jedes Mal aus der Dunkelheit zurückholt, wenn wir uns von unserer Essenz zu entfernen drohen. Es kann aber ein ganzes Leben dauern, bis wir diesem inneren Wissen endlich Gehör schenken. Wir entscheiden uns, auf die Stimme zu achten, die uns sagt, was für uns bestimmt ist; eine Stimme, die uns nicht im Profanen schlummern lässt, sondern den in uns tanzenden Geist aufweckt.

Die erste Verbindung zu dieser inneren Stimme stellt unser Seelenpartner her. Denn um uns wirklich von dieser Liebe und dem mit ihr einhergehenden Komfort zu lösen, müssen wir auch bereit sein, einem Weg zu folgen, von dessen Existenz wir bis dahin keine Ahnung hatten. Seelenpartner sind so wunderbar beruhigend, und wenn wir zum ersten Mal die Unmöglichkeit der Beziehung erfahren und anschließend den Zerfall der Einheit durchleben, fühlen wir uns ohne sie oft verloren.

Lernen, die Reise zu genießen

Manche von uns erfahren die Lektion gleich, nachdem die Beziehung zu Ende ist, diese zarte Erkenntnis, dass wir womöglich genauer wissen, wer wir sind, als wir bislang gedacht haben, auch wenn es sich anfangs überwältigend und beängstigend anfühlt.

Die wichtigste Lektion, die wir durch diese Liebe lernen, lautet: Um andere glücklich machen zu können, müssen wir erst selbst glücklich sein. Deshalb geht es stets mit gemischten Gefühlen einher, wenn wir auf die Bestätigung von außen verzichten, die uns diese Liebe verschafft hat. Mit einem Mal wirkt die Welt so viel größer und auch unvorhersehbarer!

Oft wird uns die Lektion nicht unbedingt von unserem Partner erteilt – obwohl er vielleicht die klassische Bemerkung macht, dass er von uns enttäuscht ist, weil wir uns nicht wie erwartet für das Leben mit ihm entschieden haben –, sondern von unserer Familie oder auch von Freunden. Indem wir uns von unserem Seelenpartner trennen, signalisieren wir unseren Eltern, unseren besten Freundinnen endgültig, dass sie nicht besser als wir darüber Bescheid wissen, was uns glücklich macht, was wir letztlich brauchen, was Liebe für uns bedeutet.

Wir müssen uns von der Ego-Basis loseisen, die sich während unserer Kindheit und Jugend ausgebildet hat, als wir in eine bereits vorgefertigte Rolle schlüpften.

Viele unserer Beziehungsentscheidungen verdanken sich unserem Ego: Es bestimmt, was wir für normal halten, und sogar, inwieweit wir unser wirkliches Selbst kennenlernen. Solange wir unsere Entscheidungen vom Ego aus treffen – »Ich sollte das tun« –, hören wir nicht auf unser inneres

Selbst, unsere Seele. Damit erfahren wir auch nicht, wer wir wirklich sind.

Dass wir in diesem Stadium schlichtweg nicht wissen, was wir wollen und was uns glücklich macht – auch wenn wir glauben, es zu wissen –, hindert uns daran, uns endlich befreit zu fühlen. Obwohl wir die Beziehung mit unserem Seelenpartner beendet und ausgiebig verarbeitet haben, sind wir immer noch nicht sicher, welche Art von Liebe wir brauchen. Uns ist lediglich bewusst, was wir *nicht* brauchen. Dennoch hat diese Liebe einen Zweck erfüllt, auch wenn er nur darin bestand, zu erfahren, dass die Beziehung enden musste. Diese Erfahrung hat uns gelehrt, wie man eine andere Person liebt und wie es sich anfühlt, sich ein gemeinsames Leben aufzubauen. Deshalb ist diese gleichwohl beendete Beziehung keineswegs gescheitert.

Was die Liebe angeht, so betrachten wir das Ende einer Beziehung oft als Niederlage: Wir sind gescheitert. Unser Partner ist daran gescheitert, uns glücklich zu machen. Doch in Wahrheit scheitert keine Beziehung wirklich. Dass die meisten Beziehungen enden (müssen), ist lediglich etwas, was man selten im Kino zu sehen bekommt.

Einer der raren Filme, die dieses Konzept veranschaulichen – dass es nicht unweigerlich zu ewigem Glück führen muss, wenn ein Paar sich das Jawort gibt –, ist die romantische Komödie »Liebe zu Besuch« von 2017, mit Reese Witherspoon in der Hauptrolle. In dieser modernen Lovestory zieht Alice nach der Trennung von ihrem langjährigen Ehemann nach Los Angeles in das Haus ihres verstorbenen Vaters, in dessen Gästehaus sich bald drei hinreißende junge Männer in den Zwanzigern einquartieren. »Liebe zu Besuch« zeigt das vernichtende Ende der Ehe, auch nachdem Alice' Mann ihr seine Liebe erklärt hat und es unbedingt noch einmal versuchen will, sowie Alice' zwanglose, sexuell motivierte Affäre mit einem ihrer neuen Mitbewohner.

In der letzten Szene sieht man jedoch weder eine Hochzeit noch einen Heiratsantrag, sondern eine ausgelassene Alice am Esstisch. Sie plaudert mit ihren Kindern, ihrem Ex-Mann und den drei jüngeren Männern, die inzwischen zu Freunden der Familie geworden sind.

Es gab ein Ende, das zugleich ein Anfang war. In vielerlei Hinsicht funktioniert unsere Seelenpartnerliebe oft genauso: Es ist kein wirkliches Scheitern, auch nicht der Fehler eines der beiden Partner, aber die Liebe und das Ziel dieser Beziehung haben sich gewandelt – von einem romantischen Gefühl ewigen Glücks zu einem familiären oder freundschaftlichen Verhältnis. Nicht jede Liebe ist dazu bestimmt, in unserem Leben erhalten zu bleiben. Da wir jedoch oft Kinder mit unseren Seelenpartnern haben, neigt die gemeinsame Liebe dazu, die Romanze zu überdauern.

In diesem Film musste Reese in der Rolle der Alice verschiedenste Umstände durchleben, um das zu finden, was sie glücklich machte, und sich das Leben aufzubauen, das sie wirklich wollte. Weder folgte sie dem Wunsch ihrer Kinder – zurück nach New York zu ziehen – noch den Wünschen eines der Männer in ihrem Leben. Stattdessen blieb sie innerhalb ihrer Grenzen, in dem Wissen, was ihr zustand, und entschied sich schließlich für ihr eigenes Glück statt für das der anderen.

Sich fürs eigene Glück zu entscheiden ist das, was die Reise zu sich selbst letztlich definiert, wie eine meiner Klientinnen in ihrer Beziehung aus erster Hand erlebte: Addie lernte ihren Lebensgefährten zu einer Zeit in ihrem Leben kennen, als sie sich gerade für die Möglichkeit der Liebe zu öffnen begann. Sie war realistisch, was Liebe anging, glaubte aber immer noch, dass Liebesglück auch ewiges Glück bedeute. Deshalb zerriss es sie förmlich, als ihr Partner anfing, sie zu belügen, sich heimlich mit anderen Frauen traf und sie sogar betrog.

Addie stand vor dem Dilemma, ob sie es noch einmal mit ihm versuchen oder ihn verlassen sollte. Das Problem war nicht, dass sie ihn nicht liebte oder nicht an die Liebe glaubte. Aber solange sie bei ihm blieb, konnte sie nicht akzeptieren, wer sie war und wo die Grenzen dessen lagen, was ihr zustand. Darum entschied sich Addie schließlich für sich selbst. Sie entschied sich für das Glück und verließ einen Mann, den sie wahnsinnig liebte, weil sie nicht bereit war, sich für jemand anderen zu opfern.

Auf die innere Stimme hören

Wir alle besitzen eine innere Stimme, die nicht zum Ego gehört, sondern mit unserer Seele und unserem Herzen verbunden ist. Sie leitet unsere Intuition und spricht unsere wahren Bedürfnisse aus. Allerdings ignorieren wir diese Stimme für gewöhnlich.

Wir haben uns daran gewöhnt, uns das, was wir als unsere tiefste Wahrheit empfinden, auszureden – sei es aus Gründen der Logik, wegen unserer Freunde, unserer Familie oder auch unserer persönlichen Lebensvorstellungen. Dazu müssen wir uns jedoch damit abgefunden haben, dass andere sich darüber auslassen, dass wir unser Leben vermasseln oder falsche Entscheidungen treffen.

Auch wenn die, die uns am meisten lieben, es gut mit uns meinen, verletzen ihre Worte uns manchmal oder lassen uns zumindest an unseren Entscheidungen bezüglich unseres

Seelenpartners zweifeln. Sie tun das nicht aus Boshaftigkeit oder dem bewussten Wunsch heraus, uns zu kontrollieren, sondern eher, weil sie uns sozusagen als Sicherheitsrisiko für das gesamte System betrachten, sobald wir von ihren Lebensplänen abweichen.

Dieses System sieht vor, dass wir nur erwachsen werden und heiraten können, dass wir Weiß tragen müssen oder dass wir erst nach sechs (drei – wem machen wir was vor?) Dates zum ersten Mal Sex haben dürfen. Wenn wir daher erfahren, dass wir andere erst glücklich machen können, wenn wir selbst glücklich sind, erklären wir damit auch, dass dieses System falsch ist, dass wir das, was man für uns vorgesehen hat, ablehnen. In solchen Momenten, wenn uns der Atem stockt und die Knie zittern, beschreiten wir erstmals den Weg der Selbsterkenntnis.

Als ich Theresa kennenlernte, besaß sie eine kilometerlange Anforderungsliste für ihren potenziellen Mann sowie einen Zeitplan fürs Daten, für Sex und Liebesbekundungen, ja sogar fürs Zusammenziehen. Bis dahin hatte ihr diese Liste nichts als Kummer beschert, und so arbeiteten wir daran, warum ihr diese so wichtig geworden war. Im Verlauf mehrerer Monate wurde Theresa bewusst, dass die Liste auf dem basierte, von dem sie dachte, es würde sie glücklich machen; auf dem, was sie glaubte, tun zu müssen. So war es keine Überraschung, dass sie in erster Linie die Gedanken und Meinungen derer enthielt, die ihr am nächsten standen.

Um jedoch wirklich zu unserer dritten und letzten Liebe zu gelangen, müssen wir bereit sein, Dinge anders zu machen, auch wenn es uns schwerfallen mag. Deshalb konzentrierten wir uns zunehmend auf das, was Theresa glücklich machte. Wir sprachen darüber, welche Eigenschaften wirklich wichtig waren und warum sie ihren Bedürfnissen näherkäme, wenn sie die Kontrolle aufgeben würde.

Inzwischen lebt Theresa mit einem zwanzig Jahre jüngeren Mann zusammen, der ihr Zuhause kurz nach seinem Einzug komplett umgestaltete. Gerade sind sie von einem fantastischen Italienurlaub zurückgekehrt. Sie reisen gemeinsam, gehen aus, lachen und haben so unglaublich viel Sex, dass sie sich um Jahrzehnte jünger fühlt. Allerdings entspricht dieser Mann, der abends für sie kocht und ihr nach einem langen Tag die Füße massiert, keiner einzigen Vorgabe auf ihrer früheren Liste.

Manchmal müssen wir eben sämtliche Vorgaben über Bord werfen, um das zu finden, was tatsächlich zu uns passt.

Diese Geschichte ähnelt einem meiner Lieblingsfilme: dem Kinohit »Stella's Groove – Männer sind die halbe Miete« von 1998, basierend auf dem gleichnamigen Bestseller von Terry McMillan. Stella, gespielt von Angela Bassett, möchte auf ihrem spontanen Jamaikaurlaub dem Alltagsleben entfliehen. Dort begegnet sie dem hinreißenden Winston, gespielt von Taye Diggs, einem zehn Jahre jüngeren Einheimischen, der alle Regeln, nach denen Stella bisher gelebt hat, auf den Kopf stellt.

Im Verlauf des Films erleben wir, wie sich Stella aus ihrer Abhängigkeit von der Meinung anderer löst und auch ihr inneres Drehbuch aufgibt, das ihr bis dahin vorgab, mit welcher Art von Mann sie ihr Leben verbringen sollte, etwas, womit viele von uns kämpfen, ohne zu realisieren, dass wir uns so selbst von der Liebe fernhalten.

Am Ende des Films entscheidet sie sich für das Glück und, was noch wichtiger ist, für sich selbst. Sie lernt, die Vorgaben und festen Vorstellungen darüber, wie man die wahre Liebe findet, loszulassen.

Die Trennung von unserem Seelenpartner ist der Anfang unserer Reise zur Selbsterkenntnis. Dabei erfahren wir einige sehr harte Dinge über uns, denn hier liegt der Fokus darauf, den Mut zu finden, die Beziehung zu beenden und die Enttäuschung der anderen darüber auszuhalten. Aus diesem Grund begegnen wir als Nächstes auch häufig der karmischen Liebe. Obwohl wir uns nach der Seelenpartnerliebe allmählich besser kennenlernen und unsere Flügel ausbreiten, um zu sehen, was uns in diesem Leben glücklich macht, ist uns eines noch nicht bewusst geworden: Wir können uns selbst erst wirklich kennen, wenn wir tiefer gehen und die Ereignisse betrachten, die die Person geprägt haben, die wir sein zu müssen glaubten.

Meist ohne es zu wissen, bereiten wir uns in diesem Stadium bereits auf unsere karmische Liebe vor. Wir glauben, frei zu sein, sind aber weiterhin in unserer Unsicherheit gefangen, in unseren Befürchtungen, unseren Wunden und unseren Projektionen darüber, wie wir jetzt, nach der Trennung von unserem Seelenpartner, in dieser Welt agieren müssen. Wir sind nicht völlig realitätsblind, doch ist unsere Sichtweise noch sehr schlicht. Schließlich haben wir erst eine der drei Arten von Beziehungen erlebt, die in unser Leben treten und uns so lange herausfordern sollen, bis wir uns endlich dazu entscheiden können, uns zu ändern.

Doch wie bei jeder Reise geht es weniger um das Ziel oder darum, wo wir irgendwann landen werden, sondern eher um den aktuellen Moment: Während wir uns von unserem Seelenpartner lösen und langsam herausfinden, wer wir sind, testen wir vielleicht neue Rollen oder Eigenschaften. Das liegt daran, dass wir uns bei unserer ersten Liebe darauf konzentriert haben, möglichst angepasst oder sogar häuslich zu sein, und nun nicht mehr unter dem Druck stehen, in diesen Bereichen perfekt sein zu müssen. Wir haben jetzt mehr Raum, andere Aspekte unserer selbst zu erkunden.

Womöglich tanzen wir plötzlich bis drei Uhr morgens, trinken ein paar *Shots* mit unserem schnuckeligen Nachbarn oder auch mit uns selbst. Wir schwören der Liebe endgültig ab und reden uns ein, wir wären einfach nicht für das bestimmt, was so viele zu haben scheinen.

Nach unserer Seelenpartnerbeziehung durchleben wir vielleicht eine Phase, in der wir anderen zu beweisen versuchen, dass wir *tatsächlich* wissen, was uns glücklich macht und wer wir sind. Das liegt zum Teil daran, dass wir schon in der Beziehung begonnen haben, diese nicht gestillten Bedürfnisse zu identifizieren, und nun den Drang verspüren, unsere innere göttliche Essenz zu erkunden, die uns von allen anderen abhebt. Hinzu kommt, dass wir, wenn diese Liebe endet, meist noch recht jung sind und auch das Bedürfnis verspüren, mehr zu erleben, bevor wir uns gleich wieder binden. Allerdings ist es ein großer Unterschied, ob man Erfahrungen mit anderen als Ablenkung nutzt oder als Möglichkeit, zu wachsen.

Zweifel bedeuten nicht »Versuch es noch mal«

Oft wollen wir ganz sicher sein, bevor wir mit einem Partner Schluss machen. Als hofften wir, die Bestärkung für die Trennung als einzig richtige Entscheidung dadurch zu bekommen, dass es möglichst schlecht läuft. Doch eher müssen wir lernen, Unsicherheit zu akzeptieren. Es heißt nicht, dass die Beziehung für die Ewigkeit bestimmt ist oder dass wir unsere Gefühle missdeuten.

Letztlich haben wir mehr Angst davor, wie wir nun weitermachen sollen, als davor, zu dem zurückzukehren, was erfahrungsgemäß nicht funktioniert.

Daher probieren wir es manchmal erneut miteinander oder zweifeln so sehr an uns selbst, dass wir schon glauben, andere würden uns besser kennen als wir. Vielleicht vermissen wir auch die Unkompliziertheit, besonders wenn wir anfangen, mit anderen auszugehen und uns neuen Erfahrungen zu öffnen. Vielleicht erkennen wir, dass die Verbindung zu unserem Seelenpartner etwas Besonderes war, und halten allein das für einen guten Grund, um es erneut zu versuchen.

Wichtig ist, dabei zu erforschen, ob unsere Zweifel von Angst oder Liebe herrühren. Fürchten wir uns davor, einen Fehler zu begehen, vorwärtszugehen, Single zu sein? Zweifeln wir, weil wir diese Person so sehr lieben, weil sie sich offensichtlich bemüht? Oder diente diese Krise vielleicht dazu, künftig noch enger zusammenzuwachsen?

Wenn der Zweifel immer wiederkehrt, hält uns letztlich Angst in der Beziehung fest. Irgendwann wird uns bewusst, dass sich nicht die Beziehung ändert, sondern wir. Ob wir diese Liebe jetzt, in ein paar Monaten oder Jahren beenden, unterscheidet sich nur darin, dass wir ab und zu den Komfort und das innere Wissen vermissen werden, die sie uns geboten hat. Ich habe Seelenpartner kennengelernt, die ein Jahrzehnt oder mehr gebraucht haben, um auseinanderzugehen. Eine meiner Klientinnen realisierte erst zwölf Jahre und zwei Kinder später, dass die Liebe, an der sie unbedingt festhielt, sie langsam tötete: Jess kehrte immer wieder zurück, zog aus und wieder ein, weil sie dachte, niemand würde sie jemals so lieben wie ihr Mann. Allerdings hatte sie auch Horror davor, allein zu sein, na ja, nicht bloß allein: »Für immer einsam«, nannte sie es oft. Deshalb flüchtete sie regelmäßig zu ihm zurück, wenn ihre Angst zu groß wurde. Bis sie eines Abends realisierte, dass vielleicht gar nichts falsch war an ihrem Ex-Mann und auch nicht an ihrer Beziehung, sondern dass diese nur noch als Komfortzone fungierte.

Solange Jess ihren Ex-Mann nie ganz verließ, würde sie auch nie erfahren, was auf der anderen Seite der Angst auf sie wartete.

Vielleicht klingt das für einige zu extrem, aber viele von uns macht diese einlullende Behaglichkeit so süchtig, weil wir dadurch keine Unsicherheit erleben müssen. Wir müssen nie dem Leben einfach seinen Lauf lassen, sondern können es weiterhin nach unseren Vorstellungen gestalten. Und natürlich müssen wir uns nie wirklich die Zeit nehmen und uns darauf einlassen herauszufinden, wer wir eigentlich sind.

Das Interessante an Seelenpartnern ist, dass sich ihre Beziehung nie verändert. Ob es die erste Runde ist oder zwölf Jahre und zwei Kinder später: Es fühlt sich immer gleich an, und das gilt ebenso für die Probleme. Für Jess wurde der Komfort, nach dem sie so lange gesucht hatte, zum Käfig. Ich kann mich gut erinnern, wie sie während unseres allererstens Telefongesprächs schluchzend meinte: »Ich weiß nicht, wie wir so weit gekommen sind, ich weiß nicht, warum ich nicht einfach gehen kann.«

Manchmal neigen wir dazu, diese Momente zu romantisieren. Wir denken, die Tatsache, dass wir jemanden nicht verlassen können, beweise, dass wir dazu bestimmt sind, bei ihm zu bleiben. Aber oft benutzen wir diese Momente nur, um vor uns selbst zu fliehen und vor der Arbeit, die das Leben von uns einfordert, damit wir uns weiterentwickeln, auf Erkundung gehen und die bestmögliche Version unserer selbst werden können.

Mit dem Beenden unserer Seelenpartnerliebe erklären wir uns bereit, zu wachsen und herauszufinden, wer wir wirklich sind.

#Meinbesteslebenauthentisch

Dieser Ausdruck verbreitet sich seit einigen Jahren wie ein Lauffeuer und hat es sogar bis zum Hashtag gebracht: #meinbestesleben. Allerdings geben viele jener Fotos, die wir auf Instagram posten, nicht unbedingt unser bestes Leben wieder. Nur weil wir reisen, Yoga üben, meditieren, uns vegetarisch oder vegan ernähren, führen wir nicht wirklich unser bestes Leben. Nur weil wir die neue Kücheneinrichtung posten oder an einem faulen Sonntag ein Nickerchen am Strand halten können, ist es nicht das bestmögliche Leben. Dieses lässt sich über kein Foto definieren, das Tausende von Leuten sehen, es lässt sich nicht vordergründig verwerten. Es ist etwas, was du im Inneren fühlst.

Im Fall von Jess war es nicht so, dass sie ihre Essenz verloren hatte, vielmehr hatte sie diese nie gefunden. Zur Trennung von ihrem Seelenpartner kam die schwierige Aufgabe herauszufinden, wer sie war, während sie zudem zwei kleine Menschen großzog und arbeitete. Das war zwar ihr Weg, doch dass wir eine lehrreiche und wertvolle Erfahrung machen sollen, heißt nicht unbedingt, dass wir leiden müssen.

Die sogenannte Kunst und Praxis des Loslassens ist eine weitere Phrase, die gern herangezogen wird, um sich von etwas zu entlasten. Im Grunde bedeutet loslassen jedoch, dass wir die Kontrolle abgeben, die geistige Vorstellung oder das Drehbuch, und stattdessen zulassen, dass das Leben, das Göttliche, uns den Weg weist.

Genau das ist mit »zu uns selbst finden« gemeint: unseren Seelenpartner mitsamt unserer Komfortzone zu verlassen und endlich zu hinterfragen, was #meinbestesleben für jede von uns bedeutet. Es bedeutet, ziellos über Flohmärkte zu streifen oder in Kristallläden nach Schätzen zu stöbern, verschiedene Kleidungsstile auszuprobieren oder allein zu verreisen, kurz: zu Autorinnen unseres eigenen Drehbuchs zu werden.

Auch wenn es unmöglich scheint zu gehen: Bleiben ist schlimmer. Es sind jene Momente, in denen wir erkennen, dass es nicht nur um eine gescheiterte Beziehung geht. Sondern darum, nicht zu unserem wahren Selbst zu kommen oder überhaupt herauszufinden, was das heißt.

Deshalb müssen wir manchmal auf die harte Tour lernen, dass #meinbestesleben nicht immer gleichbedeutend mit einer Beziehung ist.

Sex zwischen Seelenpartnern ist nie zwanglos

Zugegeben: In der On-off-Beziehung mit unserem Seelenpartner können wir viele wichtige Lektionen lernen. Doch solange wir ein Verhältnis mit ihm haben – und ja, das schließt den gelegentlichen One-Night-Stand mit ein –, drücken wir uns vor der mühsamen Aufgabe herauszufinden, wer wir wirklich sind. Es ist eine harte Welt da draußen, vor allem wenn es darum geht, unsere sexuellen Wünsche und Bedürfnisse zu befriedigen. Solange wir aber unsere Energie mit jemandem austauschen, mit dem wir, wie wir wissen, keine Zukunft haben, verharren wir in der Vergangenheit. Bei Jess führte das Festhalten an ihrem Seelenpartner zur Geburt eines Kindes, dann zu einem zweiten, und je länger sie brauchten, um sich zu trennen, desto schwieriger wurde es.

Das ist ganz normal. Viele von uns wünschen sich Sex mit dem Menschen, mit dem wir vorher zusammen waren, den wir lieben und bei dem wir wissen, dass wir es genießen können. Sex an sich macht aber noch keine Beziehung aus. Zudem zieht er uns energetisch zu einem Ex-Partner, der unsere eigene Energie schwächt und uns daran hindert, im Leben weiterzukommen.

Zwischen Seelenpartnern gibt es keinen zwanglosen Sex.

Je länger wir uns auf gelegentlichen Sex mit unserem Seelenpartner einlassen, desto unwahrscheinlich ist es, dass wir offen sind für unsere nächste Liebe. Obendrein besteht das Risiko, durch die Geburt eines Kindes dauerhaft an ihn gebunden zu bleiben.

In Cecilias Fall hatten sie und ihr Seelenpartner sich getrennt. Sie waren fertig miteinander. Cecilia war ausgezogen, und obwohl sie jedem, der es hören wollte, erzählte, dass sie nichts mehr von ihm wollte, hatte sie weiterhin eine Schwäche für ihren Ex. Immer öfter schickten sich beide Handynachrichten, und als er sie bat, sie besuchen zu dürfen, weil er sie vermisse, willigte sie ein. Wieder einmal dachte sie, dass es vielleicht anders ausgehen würde. Andererseits, auch wenn nicht: Sie hatte sechs Monate lang keinen Sex mehr gehabt und sehnte sich nach körperlicher Intimität!

Einen Monat später erschien ein kleines rosa Pluszeichen auf dem Schwangerschaftsteststreifen, und im ersten Moment dachte Cecilia, ein Baby könne vielleicht alles ändern.

Obwohl sie diesen Mann in- und auswendig kannte und alle möglichen Gründe hatte, es nicht zu versuchen, hoffte ein kleiner Teil in ihr, diesmal wird es vielleicht ...

Diesmal wird es vielleicht anders.

Stattdessen lief es noch ein paar weitere Jahre im On-off-Modus weiter, mit entsprechend vielen Trennungen, bis Cecilia endlich begriff, dass es mit ihnen niemals funktionieren würde.

Weinend auf dem Küchenboden

Ich weine oft. So ist das einfach. Doch nie habe ich so viel geweint wie damals, als die Beziehung mit meinem Seelenpartner zu Ende ging. Es hat mir das Herz gebrochen. Ich sackte buchstäblich auf dem Küchenboden vor der Spüle zusammen, haltlos schluchzend. Ich hatte nicht nur ein gebrochenes Herz, sondern auch keine Ahnung, warum ich das erleben musste. Es erschien mir so unfair.

Gern würde ich behaupten, dass ich mich vor meinen Mädchen zusammengerissen habe, aber meine Jüngere legte sich oft neben mich und sagte: »Es ist okay, Mama, ich weine auch manchmal.« Manchmal weinte sie sogar mit mir zusammen.

Doch genau in diesen Momenten auf dem Küchenboden fand ich das wichtigste Werkzeug für meine Reise auf der Suche nach mir selbst: die Kraft, wieder aufzustehen und weiterzumachen.

Nach dem Ende unserer Seelenpartnerbeziehung können wir ein besseres Leben führen und eine bessere Version unserer selbst sein, aber es wird nie unser bestes Leben und unsere beste Version sein. Dazu müssen wir erst noch durch die dunkle Unterwelt all dessen reisen, was wir in dieser Lebensphase geheim gehalten haben, sogar vor uns selbst.

Unser bestes Leben ist weniger das Foto, das wir sorglos auf Instagram posten, als vielmehr die ruhige Selbstsicherheit, über die wir sogar in den chaotischsten Zeiten verfügen.

Unser bestes Leben bedeutet, mit uns selbst glücklich zu sein, uns selbst also nicht lediglich zu mögen, sondern abgöttisch zu *lieben*. Es ist ein Leben ohne Rechtfertigung, nicht unbedingt ohne Sorgen, denn, seien wir ehrlich, das Leben ist hart, es gibt keinen Knopf gegen Liebeskummer, Jobverlust oder Zeiten, in denen die Welt durchdreht. Deshalb bedeutet unser bestes Leben: zu lernen, dass es sich in unserer persönlichen Bestform exakt so anfühlt; egal ob wir gerade zu einem Elternabend gehen, ein Flugzeug zu unserem nächsten Abenteuer besteigen oder ekstatisch die Liebe unseres Lebens küssen, bis uns jegliches Zeitgefühl abhandenkommt.

Es ist die Beziehung mit unserem Seelenpartner, die, indirekt und unbewusst, diese Reise lostritt, auf der wir das herausfinden.

Wenn wir mit uns zufrieden sind, sind wir mit uns auch im Reinen. Das heißt keinesfalls, dass wir nicht nach mehr streben oder selbstgefällig geworden sind, sondern dass wir uns so akzeptieren, wie wir gerade sind, und die Realität so annehmen, wie sie sich jeweils zeigt. Indem wir die Zeit der romantischen Liebe mit unserem Seelenpartner beenden, finden wir endlich den Mut zu sagen: »Ich liebe dich, aber noch mehr liebe ich die, die ich werden will.«

Sobald wir uns wirklich dafür entscheiden, unser Glück über das der anderen zu stellen – und auch dabei bleiben –, öffnen wir die Türen zur Erkenntnis, was Glück für uns tatsächlich bedeutet.

Im Grunde ist »unser bestes Leben« eine Verpflichtung, ein Prozess und ein Versprechen an unsere Seele, uns niemals mit weniger zufriedenzugeben, als uns zusteht. Und um das Gefühl zu haben, dass uns etwas zusteht, müssen wir uns als wertvoll erachten. Genau deswegen gehen wir die karmische Beziehung erst nach unserem Seelenpartner ein: Auch wenn wir es unbewusst wahrnehmen, fühlen wir uns mit uns selbst nicht wohl.

Bis wir geheilt sind, bluten wir auf diejenigen, die unsere Wunden nicht verantworten. Bis wir ohne Urteil und Voreingenommenheit akzeptieren, wie und wer wir sind, umgeben wir uns mit Leuten, die das negative oder einschränkende Selbstgespräch bestätigen, das wir Zeit unseres Lebens geführt haben.

Zu wissen, wer wir sind, ist ein komplexes System, das eine Vertrautheit mit unseren Träumen, unseren Neigungen und Abneigungen, unseren Erwartungen, Bestrebungen und Triggern (Dingen, die etwas in uns auslösen) bedingt. Auch wenn wir von allen bisherigen Erfahrungen vollständig geheilt sind und nur noch blassrosa Narben an die schmerzenden Wunden erinnern, wird uns immer wieder etwas triggern. Doch wenn das passiert, erleben wir eine tiefere Heilung, was in der Folge auch zu einer entsprechend tieferen Kenntnis unserer Seele führt.

Für unser bestes Leben und unser bestmögliches Selbst müssen wir daran glauben, dass wir unserer tiefsten Sehnsüchte, unseres Lebens und unserer Beziehungen würdig sind. Es bedeutet, zu wissen, dass es bei uns nicht genauso laufen muss wie bei unseren Eltern, wenn deren Ehe nicht funktioniert hat; dass nicht jeder Mann uns ähnlich wie unser Vater verlassen wird; und dass wir der Liebe würdig sind, auch wenn uns alle für verrückt erklären, weil wir an ihre Existenz glauben.

Nach der Trennung von unserem Seelenpartner fühlen wir uns nach einer gewissen Zeit weniger verpflichtet, uns nach unserer Familie und unserem sozialen Umfeld zu richten. Wir wissen dann endgültig, dass es nicht mit unserer Wahrheit übereinstimmte, unseren Highschool-Freund zu heiraten, egal wie glücklich es alle anderen gemacht hätte. Indem wir uns nach unserer eigenen Wahrheit richten, gehen wir einen Schritt weiter, als nur unser bestes Selbst zu sein.

Das einzige Ziel unserer Seelenpartnerliebe ist es, zu enden – nicht zu scheitern, sondern zu enden –, damit uns die wertvolle Lektion präsentiert wird, die wir so dringend benötigen, um endlich weitergehen zu können.

Die allerwichtigste Lektion besteht darin, dass wir zu Schöpferinnen unseres eigenen Lebens werden müssen, zu Künstlerinnen unseres persönlichen Meisterwerks. Wenn wir ein Kunstwerk erschaffen wollten, würden wir den Pinsel ja auch nicht unserer Mutter, Schwester oder Nachbarin in die Hand drücken! Stattdessen würden wir dasitzen, träumen und genau beobachten, was vor uns auf der Leinwand zum Vorschein kommen will.

Das ist die Erfahrung des Lebens: Wir müssen herumexperimentieren, uns die Zeit nehmen, Verschiedenes auszuprobieren, damit wir sicher sein können, ob der andere zu uns passt oder nicht; ob er letztlich dazu bestimmt ist, zu einem Teil des Meisterwerks zu werden, das wir unser Leben nennen.

Liebe ist ein Vehikel, um zu wachsen

Liebe ist nicht allein Liebe: Sie ist auch ein Vehikel, um zu wachsen. Je eher wir das akzeptieren, desto eher können wir uns dem Leben und all den Möglichkeiten, die es für uns bereithält, öffnen. Liebe kommt niemals auf die Art und Weise zu uns, wie wir es erwarten. Sie erscheint in Gestalt eines zärtlichen Liebhabers, der uns unter schwarzer Satinbettwäsche Dinge zuflüstert, die uns erschauern lassen. Dinge, von denen wir es uns nie vorstellen konnten, sie jemals zu hören.

Wenn wir Liebe als eine Art, zu wachsen und Lebenserfahrung zu sammeln, verstehen, bedeutet das, dass sie niemals scheitern wird. Wir brauchen niemanden, der sie gutheißt oder uns bestätigt, dass wir das Richtige tun. Wir müssen keine Angst haben und denken »Was, wenn es zu Ende geht?«, denn oft bedeutet ein Ende gar nicht das Worst-Case-Szenario. Das Worst-Case-Szenario kann darin bestehen, dass wir zu lange an jemandem hängen und nicht mitkriegen, was das Leben uns bringen will.

Ich selbst litt unter so starkem Liebeskummer, dass ich das Gefühl hatte, nicht mehr atmen zu können, und, schlimmer noch, keinen Ausweg sah. Damals kümmerte mich nichts anderes, als dass die Person, die ich liebte, nicht bei mir war. Ich konnte nicht einmal daran denken, unter meiner Daunendecke hervorzukriechen.

Es lag nicht allein am Liebeskummer: Ich wollte gar nicht, dass es mir besser ging, weil ich nicht in der Lage sein wollte, mich gut oder großartig zu fühlen und ohne ihn zu leben. Der Liebeskummer wurde Teil meines Drehbuchs. Für den Grund oder den eigentlichen Zweck des Ganzen interessierte ich mich überhaupt nicht.

Doch manchmal besteht unsere einzige Option darin, uns selbst »Schwachsinn!« zuzurufen. Wir selbst müssen uns dafür entscheiden, zu wachsen, uns zu verändern und die jeweilige Realität zu akzeptieren. Irgendwann hatte ich es satt, an gebrochenem Herzen zu leiden, mich beim Einschlafen selbst zu umarmen und mir zuzuflüstern: »Du wirst geliebt.« Am Ende hatte ich mich selbst satt, und so begann ich, nach etwas zu suchen, nein, verdammt, zu *graben*, was meinen Gefühlen einen Sinn verlieh.

Das war der Moment, in dem ich zum ersten Mal Verantwortung für mein Wachstum übernahm und für den Menschen, der ich aufgrund meiner Erfahrungen in Zukunft werden würde.

Elternschaft mit einem Seelenpartner

Es ist immer schwierig, eine Seelenpartnerbeziehung zu beenden und das nächste Kapitel in unserem Leben aufzuschlagen. Sind zudem Kinder involviert, wird es noch diffiziler, weil diese Verbindung immer bestehen bleibt. Das bedeutet: Wir müssen aufmerksamer, bedachtsamer sein.

Wir müssen an den Punkt gelangen, an dem wir unseren Seelenpartner mit dem Gefühl von Dankbarkeit betrachten können für das, was er in unser Leben gebracht hat, für die Liebe, die wir erfahren haben. Zugleich müssen wir uns vergegenwärtigen, dass diese ach so bequeme Liebe uns nun daran hindert, die nächste Phase des Lebens und der Liebe zu erleben.

Unsere romantische Beziehung muss zu einer platonischen werden, denn auch wenn wir als Eltern voll und ganz für unsere Kinder da sein wollen, wollen wir vermeiden, dass sie verwirrt fragen: »Sind Mama und Papa diese Woche zusammen oder nicht?«

Doch selbst wenn es bei dieser Reise um Liebe geht, geht es letzten Endes auch um die Wahrheit. In dem Moment, in dem wir das erkennen, beginnen wir, das Muster zu durchbrechen.

Cecilia realisierte nun, dass sie sich zu lebenslanger gemeinsamer Elternschaft verpflichtet hatte mit einem Mann, den sie liebte, weshalb sie sich wünschte, dass die Dinge mit ihm anders liefen. Sie wusste aber, dass das nie der Fall sein würde. In den paar Jahren, in denen es beide trotzdem weiter miteinander versucht hatten, schien ihr in einzelnen Momenten alles wunderbar, bis er erneut fremdgegangen war und damit all ihre Hoffnung auf Änderung zerstört hatte. Fremdgehen ist ein feiger Ausweg, aber genau das passiert oft, wenn wir versuchen, eine Beziehung aufrechtzuerhalten, die nicht dazu bestimmt ist – egal ob Mann oder Frau. Manchmal gehen wir fremd, weil wir unbewusst erwischt werden wollen und hoffen, dass unser Partner mit uns Schluss macht, sodass wir es nicht tun müssen. Manchmal ist es auch nur der unbeholfene Versuch, etwas Neues zu beginnen, bevor wir die gegenwärtige Beziehung beendet haben.

Was auch immer das Motiv sein mag: Es geht nie allein um die Tatsache, dass einer fremdgegangen ist, sondern um die dahinterliegenden Beweggründe. So wusste Cecilia durchaus, dass er sich nicht voll und ganz auf sie eingelassen hatte und eine andere liebte. Sie wusste aber auch, dass er große Loyalität gegenüber ihrem gemeinsamen Kind empfand. Daher setzte sie es manchmal als Mittel ein, damit er sich wieder auf die Beziehung konzentrierte und sie aufrechterhielt.

Jahrelang ging das so, bis Cecilia es endgültig satthatte, sich von ihm das Herz brechen zu lassen. Sie beschloss, sich fortan mit der bloßen Elternrolle zufriedenzugeben. Nun mussten beide herausfinden, was das bedeutete. Sie mussten die Grenzen neu verhandeln, sich überlegen, wie sie mit dem Thema Sex umgehen wollten, aber auch lernen, sich für den anderen zu freuen, wenn der einen anderen Partner hatte.

Wenn wir ein Kind mit einem Seelenpartner haben, gilt es, zu akzeptieren, dass die Ränder oder Grenzen womöglich eine Zeit lang verschwommen sind. Womöglich müssen wir ständig aufs Neue entscheiden, wie freundlich wir zu ihm sind und ob wir ihn bitten, uns als Elternteil oder als Lebensgefährte zu unterstützen.

Seelenpartner können durchaus gemeinsam Eltern sein, aber erst wenn sie innerhalb der Beziehung klare Grenzen definiert haben.

Ein perfektes Beispiel hierfür ist der Film »The Single Moms Club« von Tyler Perry aus dem Jahr 2014. Darin treffen fünf scheinbar grundverschiedene Frauen aufeinander, die zumindest eines gemeinsam haben: Sie sind alle alleinerziehend. Nachdem ihre Kinder in einen Vorfall in der Schule verwickelt waren, werden die Mütter gebeten, zusammen ein Event zu planen.

Als sie sich besser kennenlernen, stellt sich heraus: Jede dieser Frauen hatte eine Herausforderung mit dem Mann in ihrem Leben zu meistern, vor allem was das Ziehen von Grenzen angeht. Jede von ihnen hatte aufgrund ihrer Mutterrolle eine oft nachvollziehbare Last zu tragen, vom Umgang mit kontrollsüchtigen Ex-Partnern bis hin zu nicht gerade perfekten Vätern.

Durch ihre geteilten Erfahrungen und ihren Zusammenhalt sind sie in der Lage, einander zu helfen, nicht nur klarere Grenzen zu setzen, sondern auch glücklicher und gesünder zu werden. Wenn wir begreifen, dass Grenzen nichts Selbstsüchtiges sind, sondern essenziell für unser Wohlbefinden, können wir anfangen, für uns und unsere Kinder einzutreten.

Wenn wir mit unserem Seelenpartner ein Kind haben, werden wir immer eine Familie bilden, was aber nicht gleichbedeutend mit einer gesunden oder dein Wachstum fördernden Partnerschaft ist. Es heißt einfach, dass du, als Teil deiner Seelenfamilie, eingewilligt hast, das Kind gemeinsam mit ihm zu erziehen wegen der Lektionen, die dieser Prozess beinhaltet, nicht weil du versuchen sollst, die Beziehung für die nächsten achtzehn Jahre aufrechtzuerhalten, bis euer Junge oder Mädchen die Highschool abgeschlossen hat.

Es geht auch darum, zu wissen, dass wir es ebenfalls verdient haben, glücklich zu sein.

Es in Ordnung finden, nicht in Ordnung zu sein

Indem wir die romantische Phase mit unserem Seelenpartner hinter uns lassen, entscheiden wir uns für diese Reise, auch wenn wir ängstlich sind und nicht wissen, wohin sie führt. Wir haben verstanden, dass Komfort und Wachstum nicht das Gleiche sind, und akzeptieren, dass diese Beziehung uns nicht zu unserem besten Selbst verhelfen wird, wie viel Hoffnung wir auch in sie gesetzt haben mögen. Obwohl wir unseren Seelenpartner zutiefst lieben, können wir unser bestmögliches Leben mit ihm nicht führen.

Eine Liebe, die uns nicht triggert, wird uns nicht dabei helfen können, zu wachsen. Mit anderen Worten: Wir brauchen die Reibung, um weiter geschliffen zu werden. Sobald wir die Lektionen aus unserer Seelenpartnerliebe verinnerlicht haben, sind wir bereit herauszufinden, was uns wirklich glücklich macht. Wir haben gelernt, dass wir erst gut zu uns sein müssen, bevor wir all denen, die uns etwas bedeuten, Gutes tun können.

Die Wahrheit ist, dass wir die Beziehungen akzeptieren, die unsere Gefühle für uns selbst widerspiegeln. Sobald wir daher in der Lage sind, unser Glück wichtig zu nehmen, begeben wir uns auf die Reise zu *unserer ganz eigenen Definition* von Glück in dem Bewusstsein, dass wir das nur für uns allein tun. Bevor wir uns nicht glaubhaft von unserem Seelenpartner und den Menschen trennen können, deren Bestätigung wir so lange gesucht haben, werden wir niemals vorwärtskommen.

Wir werden niemals wirklich erfahren, was Liebe ist, solange wir nicht anfangen, zu erkunden, wer wir wirklich sind.

DIE ZWEITE LIEBE:
UNSER KARMISCHER PARTNER

Der, von dem wir wünschten,
er wäre der Richtige

DER TRAUM

Diesmal werde ich es richtig machen

Es gibt Zeiten im Leben, in denen wir uns darauf konzentrieren, die Dinge anders als bisher zu tun. Wir sind so damit beschäftigt, die Vergangenheit hinter uns zu lassen, dass wir bereits ein vermeintlich neues Kapitel öffnen, bevor wir wirklich verstanden haben, dass das letzte noch gar nicht abgeschlossen ist.

Wir schlagen diesen neuen Weg ein, bevor wir uns wirklich mit uns selbst auseinandersetzen, bevor wir jene Trigger zu erkennen lernen, die uns an vergangene Traumata erinnern, und bevor wir überhaupt richtig wissen, wer wir sind.

Unsere zweite Liebe beginnt mit großen Vorsätzen. Da wir jedoch unsere Muster (noch) nicht vollständig abgelegt und uns keine Zeit genommen haben, allein zu sein und unsere persönlichen Motive zu verstehen, wählen wir einen karmischen Partner, der uns als Lehrer dient.

Ob wir es uns eingestehen oder nicht: Jede von uns hat ihre ganz persönlichen Motive: warum wir unsere Entscheidungen treffen – ganz allgemein, aber auch, was unsere Beziehungen betrifft. In diesem Stadium sind wir uns unserer Motive womöglich nicht einmal bewusst. Vielleicht sagen wir, dass wir uns mit dieser Person wohlfühlen oder dass sie anders ist, aufregend gar. Das sind gängige Arten, unsere Verbundenheit mit dieser neuen karmischen Liebe zu beschreiben.

Doch ist das nicht das Gleiche wie unser persönliches Motiv.

Unser Motiv nimmt die Seele-Herz-Verbindung in den Blick, den Grund, warum wir uns für einen bestimmten Weg entscheiden und nicht für einen anderen – in unserem Leben wie auch in unserem Liebesleben. Es ist der Unterschied zwischen »Wir haben Spaß miteinander« und »Er bringt mich dazu, dass ich mich ständig verbessern will«. Ich habe sogar Männer sagen hören: »Mein Motiv, warum ich meine Frau geheiratet habe? Ganz einfach: Ich wusste, dass ich keinen Tag mehr ohne sie leben wollte.«

Anfangs ist uns nicht bewusst, dass wir noch nicht ganz von unserem Seelenpartner geheilt sind. Vermutlich gibt es noch Themen, die uns nachhängen: Vielleicht mangelt es uns nach wie vor an Selbstwert oder die familiäre und gesellschaftliche Konditionierung bestimmt weiterhin unsere Ansichten über Liebe und Beziehungen.

Sich in das Bild verlieben

Da wir zu Beginn unserer zweiten Liebe noch nicht vollständig von den Erfahrungen mit unserem Seelenpartner geheilt sind, wird diese karmische Leidenschaft nicht das ewige Glück bringen, nach dem wir suchen. Als unsere Seelenpartnerbeziehung zu Ende ging, waren wir von der Liebe enttäuscht. Wir fragten uns: Wenn das nicht real war, was ist es dann? Existiert Liebe überhaupt? Wir können uns kaum vorstellen, dass eine andere Person das für uns tun kann, was unserem Seelenpartner nicht gelungen ist. Werden wir jemals wieder jemandem vertrauen, jemanden lieben und an die Magie glauben können, die für immer verloren schien?

Trotz alledem sind wir nicht bereit, uns der nötigen Arbeit an uns selbst zu stellen. Karmische Liebe ist dazu da, uns all das lehren, was wir immer noch zu vermeiden versuchen. Unsere Selbstwahrnehmung geht allerdings noch nicht tief genug, um das zu begreifen, und so verlieben wir uns in das auf unseren Partner projizierte Bild.

Wenn wir unserer zweiten Liebe, unserem karmischen Partner, begegnen, sind wir meist hingerissen. Vielleicht ist es sogar Liebe auf den ersten Blick. Wir fixieren uns auf diese neue Liebe in dem Glauben, dass wir nicht nur endlich alles anders machen, sondern dass diese Liebe uns tatsächlich heilen wird, dass sie uns dabei helfen wird, der Mensch zu werden, der wir immer sein wollten oder als den wir uns sehen.

Wir verlieben uns in all die Eigenschaften, die wir im anderen sehen *wollen*.

Darüber hinaus neigen wir dazu, uns in das zu verlieben, was wir in uns selbst sehen wollen, und verstehen nicht, dass wir den anderen nur benutzen, um uns besser zu fühlen und um eine mühsame Arbeit zu vermeiden: zu erfahren, wer *wir* sind.

Evonne kam zu mir, weil sie verstehen wollte, warum ihr die Meinungen anderer, vor allem die ihrer Schwestern, so wichtig waren. Und zwar so sehr, dass sie ihre eigenen Entscheidungen und Gefühle hinsichtlich ihrer jeweiligen Partnerwahl anzuzweifeln begann. Sie wuchs in einem engen Familienverbund auf, in dem auch alle zusammen arbeiteten: Es gab kaum einen wachen Moment, in dem nicht eine ihrer Schwestern Evonne vorzuschreiben versuchte, was sie tun sollte. Sie fühlte sich eingesperrt und glaubte, nur in einem anderen Bundesstaat zu sich selbst finden zu können. Sie hoffte sogar, irgendwann ganz fortzuziehen.

Das brachte jedoch ein weiteres Problem mit sich: Ihre Schwestern wollten nicht, dass sie wegzog.

Ausschlaggebend für Evonnes Beziehungswahl war daher letztlich das Gefühl von Freiheit, das sich bei ihr weit weg von zu Hause und der Familie einstellte. Sie lebt in Colorado, reist aber oft zum Arbeiten an die Ostküste. Dort lernte sie Tony kennen und verliebte sich Hals über Kopf in ihn. An der Küste fühlt sie sich nicht nur heimischer, sondern auch frei, weil sie Abstand von ihrer Familie hat, deren Druck und Meinungen ihr die Luft zum Atmen nehmen.

In die Anfangsphase mit unserem karmischen Geliebten nehmen wir viele der Bedürfnisse und Sehnsüchte aus unserer Seelenpartnerbeziehung mit. Noch immer haben wir eine bestimmte Version der traditionellen Liebesgeschichte im Kopf, inklusive Heirat, Haus und Kinder. Noch immer grübeln wir darüber, ob unsere Familie den neuen Partner mögen wird, und darüber, was andere über uns und diese Beziehung denken könnten.

Sehr oft entscheiden wir uns für unseren karmischen Partner, weil er über Qualitäten verfügt, die wir selbst gern hätten: Vielleicht ist er extrem gut aussehend oder durchtrainiert. Vielleicht ist er ein *Bad Boy*, wenn wir es satthaben, das *Good Girl* zu sein. Vielleicht ist er reich oder hat einen extravaganten Lebensstil – alles Qualitäten, die wir uns zu dem Zeitpunkt selbst wünschen. Vielleicht entscheiden wir uns auch einfach deshalb für ihn, weil wir uns mit ihm besser fühlen, weil er unsere Sehnsüchte und Gefühle bestätigt.

Da wir den Mut hatten, unseren Seelenpartner und den mit ihm lange aufrechterhaltenen Zyklus zu verlassen, verspüren wir nach der kräftezehrenden Trennung ein Hochgefühl. Wir wünschen uns nun etwas komplett anderes. Diesmal versuchen wir nicht, das Märchen zu realisieren. Diesmal bleiben wir nicht einfach bei der Mutter oder dem Vater unserer Kinder. Diesmal entscheiden wir uns für *uns selbst*, so scheint es zumindest. Und in der Honeymoon-Phase mit unserem neuen karmischen Geliebten glauben wir, es geschafft zu haben, obwohl wir jeder Wachstumsmöglichkeit ausgewichen sind, bevor wir uns erneut verliebt haben.

Wir sind fest entschlossen, es anders zu machen. Und wir sind auch felsenfest davon überzeugt, dass wir es diesmal nicht vermasseln werden. In vielerlei Hinsicht betrachten wir diese Liebe nicht als weiteres Sprungbrett zu unserer ewigen Liebe, sondern als die Person, zu der wir uns wacker vorgearbeitet haben.

Bei der Begegnung mit unserem karmischen Partner ist für gewöhnlich kosmische Magie im Spiel. Womöglich laufen wir aneinander vorbei, sagen Hallo und lösen so eine stürmische Romanze aus. Vielleicht teilt man uns im Job einander zu oder es werden im Café um die Ecke unsere Bestellungen verwechselt.

In meinem Fall war es Liebe auf den ersten Blick. Ich war achtzehn, hatte gerade die Highschool abgeschlossen, den Kopf voller Träume und ein ungebändigtes Wesen. Als ich einmal zufällig, mit einer Gruppe von Freundinnen im Schlepptau, über einen dunkleren Abschnitt der Strandpromenade spazierte, steuerte ich direkt auf diesen Mann zu, fast als wüsste meine Seele genau, dass ich ihn dort finden würde.

Er war ein Jahr älter und sah in dem weißen T-Shirt zur schwarzen Jeans genau aus wie Danny Zuko aus »Grease«. Mit meinem blonden Haar und dem süßen Lächeln war ich mehr als bereit, seine Sandy zu spielen, egal was für ein Theaterstück sich aus diesem Abend entwickeln würde.

Ich hing an seinen Lippen, wenn er vom Maschinenbaustudium erzählte, und war schlichtweg hingerissen von diesem blendend aussehenden, knapp einen Meter neunzig großen, vor Gesundheit strotzenden Kerl aus dem Hinterland.

Bevor ich ihn kennenlernte, hatte ich davon geträumt, anders zu sein. Ich wollte endlich reisen, hatte überlegt, was ich studieren würde. Doch plötzlich lag mein Hauptfokus auf dieser Beziehung. Ich war süchtig. Süchtig nach der kraftvollen Liebe, die mich aus dem Nichts erwischt hatte, nach dem Dutzend Rosen, das er mir regelmäßig schickte, nach dem Bild, das er nach außen abgab, aber auch danach, wie er einem Drehbuch wieder Sinn verlieh, auf das ich schon nicht mehr zu hoffen gewagt hatte: mich zu verlieben und das ewige Glück zu finden.

Die Schuld unserer karmischen Liebe auflösen

Das Wesen der karmischen Liebe ist, dass es in dieser Beziehung tatsächlich Karma gibt, welches es durchzuspielen und auszugleichen gilt.

Wir neigen dazu, Karma für etwas ausschließlich Negatives zu halten oder auch für etwas, das uns als Vergeltung für schlechtes Verhalten zustoßen wird. Doch das Symbol

für Karma ist der Kreis: Was man sät, das wird man ern-
ten. Karma an sich ist weder positiv noch negativ, sondern
schlicht notwendig. Wir selbst ordnen Ereignisse unseres
Lebens dem Konzept von Gut und Böse zu, basierend auf
unseren Gefühlen, ohne zu begreifen, dass die Momente,
die uns in die Knie gezwungen haben, ebenso notwendig
waren wie Erinnerungen an fröhliche Mädelsabende.

Solange wir auf der Erde leben, haben wir alle Karma aufzulösen.

Manchmal stammt das Karma aus vergangenen Leben.
Angenommen, wir waren in unserem letzten Leben ein wü-
tender oder gemeiner Mensch und hätten unsere Angehö-
rigen schlecht behandelt. Dann wären wir in diesem Leben
auf der empfangenden Seite dieser Energie, um zu spüren,
wie sie sich anfühlt, und dieses destruktive Verhaltensmuster
zu beenden. So gesehen, handelt es sich nicht nur um Karma,
sondern um eine karmische Wunde, die am Verheilen ist.

Dabei geht es nicht darum, dass wir unsere Erfahrungen
verdient haben, sondern dass wir die darin enthaltene Lektion begreifen.

Es gibt keinen vernünftigen Grund dafür, dass Menschen
einander wehtun, es gibt keine Rechtfertigung für Treuebruch oder mangelnde Integrität, aber es gibt immer eine
Lektion, die wir daraus lernen können. Wir wählen die Brille, durch die wir sehen. Geschieht *uns* etwas oder geschieht
es *für uns*? Mit dieser neuen Brille können wir die Opfer-
haltung aufgeben und stattdessen etwas daraus ziehen, was
uns stärker, weiser und selbstsicherer macht.

In karmischen Beziehungen lernen viele von uns ähnliche
Lektionen und lösen Karma auf. Dies kann darin bestehen,
dass man nicht für sich selbst eintritt, sondern als Fußab-
treter dient, dass man sich vor dem Alleinsein fürchtet oder

gerettet werden möchte. Somit gehen wir diese Beziehungen ein, ohne zu realisieren, dass ihr Zweck nicht darin liegt, ewig anzudauern – als Selbstzweck sozusagen –, sondern die karmische Schuld aufzulösen, mit der wir in dieses Leben gekommen sind.

Genau wie Seelenpartner in Seelenfamilien gemeinsam durch die Zeit reisen, sind karmische Partner diejenigen, mit denen wir in einem vorangegangenen Leben Probleme nicht gelöst haben. Das heißt, dass wir in diesem Leben eine weitere Runde mit ihnen drehen dürfen. Ist das nicht ein Glück?

Mit einem Lächeln erinnere ich mich daran, wie ich einen Liebhaber durchs Telefon anbrüllte: »Gibt es noch irgendwas zu erledigen in diesem Leben? Ich will dich nämlich in keinem anderen wiedersehen! Wenn es noch irgendwas zu sagen oder zu bearbeiten gibt, will ich es jetzt tun und dann nie wieder!«

Heute schmunzele ich darüber, weil es viel über den Schmerz unserer karmischen Liebe aussagt. Wenn wir die Lektionen nicht wiederholen wollen, müssen wir das Beste aus dem machen, was man uns gibt, um die Schuld zu begleichen.

Wenn wir Karma nicht einfach als eine aufzuwiegende Schuld betrachten, sondern als einen Weg, zu lernen, zu wachsen und bewusster zu werden, erkennen wir, dass unsere Seele immer höher steigt, je mehr Karma wir in jeder Beziehung, in jedem Leben auflösen.

In diesem Moment geht es allerdings darum, unsere Wahrheit zu finden, für uns selbst einzustehen und zu beschließen, die Muster hinter uns zu lassen und anders an unsere Beziehungen heranzugehen.

Obwohl man bei dem Wort Karma meistens an vorangegangene Leben denkt, sammelt es sich auch in diesem an. Unsere karmische Liebe wird also zu uns kommen, damit wir das Thema der Vernachlässigung auflösen, das wir als Kinder erlebt haben. Vielleicht kommt sie auch, um unsere emotionale Unzugänglichkeit zu spiegeln, sodass wir lernen, in der Liebe in Zukunft verletzlicher zu sein. Es geht darum, die Lektionen zu verinnerlichen, an ihnen zu wachsen und uns dann dafür zu entscheiden, dass wir von unserem höheren Selbst aus agieren statt von unserem verwundeten Selbst.

Karma betrifft nicht nur das, was wir auflösen, sondern auch das, was wir erschaffen.

Vergiss nicht, deinen Verstand mitzunehmen

Während ihres letzten Lebensjahres besuchte ich meine polnische Großmutter Babci oft im Krankenhaus. Mal lackierte ich ihr die Nägel, mal brachte ich ihr Lavendelöl mit, und immer unterhielt ich mich mit ihr.

Sie war schon vor dem Ende meiner Ehe an Alzheimer erkrankt, daher beschloss ich, ihr nichts davon zu erzählen. Wie die meisten Großmütter schien sie es sowieso zu wissen. Eines Tages, als wir auf dem Rand ihres Krankenhausbetts in der warmen Februarsonne saßen, drückte sie ganz sacht meine Hand und sagte, wenn ich mich das nächste Mal verlieben würde, solle ich nicht vergessen, meinen Verstand mitzunehmen.

Ich liebte meine Babci, weil sie Bescheid wusste. Sie wusste, dass es mir schwergefallen war, die Realität der Liebe durch meine rosa Brille zu erkennen. Ich werde ihre damaligen Worte nie vergessen, sie sind für uns alle so wichtig.

Bei unserem karmischen Partner sind die Gefühle von Liebe und Anziehung so unmittelbar, dass kaum Raum bleibt, um nachzudenken und in Ruhe abzuschätzen, ob unsere Ziele und Wünsche in gesunder Weise korrespondieren. Stattdessen geht es, meist für beide, um die andere Person und die Gefühle, die diese in einem auslöst. Diese Beziehung ist nicht unbedingt eine Erholung von unserer ersten Liebe, unserem Seelenpartner, aber unsere Chance, erneut Bestätigung zu erfahren.

Auch wenn viele Leute, mich eingeschlossen, behaupten, sie wären in dieser Zeit reifer geworden und nicht mehr dieselben wie mit ihrem Seelenpartner, haben wir uns in Wirklichkeit gar nicht die Zeit genommen herauszukriegen, wer wir sind. Am Ende definieren wir uns schon wieder über jemand anderen. Nur dass sich unsere Träume und Pläne diesmal nicht auf unseren Seelenpartner beziehen, sondern auf unseren karmischen Partner. Die Unterschiede sind deutlich, aber entweder ignorieren wir sie absichtlich oder wir nehmen sie in unserem Liebesrausch gar nicht erst wahr.

Zu diesem Zeitpunkt haben wir noch nicht geklärt, wer wir – abgesehen von einem Liebespaar – sind. Und genau dies spiegelt sich in unseren Entscheidungen wider.

Häufig weist schon früh, ja sogar in der allerersten Phase der Partnerschaft, einiges darauf hin, dass die Verbindung nicht wirklich gut für uns und vermutlich auch nicht von Dauer sein wird. Manchmal, weil unser Partner uns betrügt, plötzlich anschreit oder im Streit sogar handgreiflich wird. Es ist eine süchtig machende Liebe, die uns von Anfang an aufs Schönste überwältigt. Deshalb ignorieren wir entweder sämtliche Warnzeichen oder erklären sie für nichtig.

Vielleicht ist es Eifersucht auf die sozialen Medien oder eine Ex-Partnerin. Vielleicht schleicht sich das ungute

Gefühl auch ganz leise über die mitgebrachte Bluse oder einen für uns vereinbarten Friseurtermin heran, also Aufmerksamkeiten, die liebevoll und nett wirken, aber zugleich Ausdruck von Kontrolle sind. Doch dieses Mal sind wir entschlossen, unsere Sache richtig zu machen. Deshalb reden wir uns heraus, verzeihen dem anderen und lassen uns von der Leidenschaft der Liebe davontragen, ohne einmal innezuhalten und uns zu fragen, ob wir uns überhaupt so um diese Beziehung bemühen sollten.

Ein wichtiger Beweggrund für diese Phase unserer Liebesreise ist die Angst, allein zu sein.

Während sie bereits unsere Entscheidung beeinflusste, unseren Seelenpartner zu verlassen, ist sie nun immer noch prägend dafür, wie schnell – und mit wem – wir uns auf eine neue Liebesbeziehung einlassen.

Bei unserer zweiten Liebe träumen wir nicht nur davon, es diesmal richtig zu machen, sondern hoffen auch immer noch, auf ewig glücklich zu werden. Wir haben weiterhin Einfluss darauf, wem wir unser Herz schenken, und wir können weiterhin das Leben führen, das wir uns vorgestellt haben. In vielerlei Hinsicht erwarten wir, dass dieser Partner uns kontrolliert, dass er eine starke Persönlichkeit hat und uns sagt, was wir tun oder lassen sollen, damit wir diese Entscheidungen nicht selbst treffen müssen. Eventuell ziehen wir um, um in seiner Nähe zu sein, oder verbringen keine Zeit mehr mit Freunden, weil er der Meinung ist, sie würden uns negativ beeinflussen.

Vielleicht wechseln wir den Job oder sogar unsere Religionszugehörigkeit, weil wir uns einreden, das gemeinsam entschieden zu haben. Tatsächlich versuchen wir aber nur, so zu werden, wie unser Partner uns unserer Meinung nach haben will.

Jada meldete sich anfangs bei mir, weil sie nicht über ihren Ex hinwegkam. Nicht nur im Sinne von »Oh, ich wünschte, ich wäre immer noch mit ihm zusammen«, Jada war regelrecht besessen von ihm. Sie stalkte ihn in den sozialen Medien, erfand Gründe, um ihn zu kontaktieren, und entwarf Textnachrichten, die sie dann eventuell mit ihm austauschen könnte. Problematisch war nicht allein, dass Jada diesen Mann nicht vergessen konnte, sondern dass er jahrelang bestimmt hatte, was für eine Frau sie war. Ihr ganzes Selbstvertrauen hing einzig und allein von seiner Aufmerksamkeit ab beziehungsweise von der Tatsache, dass er sich für sie entschieden hatte.

Als die Beziehung zu Ende war, konnte Jada nicht loslassen: Sie empfand nicht nur noch etwas für ihn, sondern hatte auch keine Ahnung, wer sie war, und schreckliche Angst, für den Rest ihres Lebens Single zu sein. Sie behauptete, dass das Leben mit ihm schöner und sie daher glücklicher wäre, ohne zu erkennen, dass sie den Schlüssel für ihr Glück selbst in seine Hände gelegt hatte, und als er gegangen war, hatte er ihn einfach mitgenommen.

Wir müssen begreifen, dass wir in dieser Phase immer noch auf den Spiegeleffekt setzen, bei dem ein Partner über die Eigenschaften verfügt, die wir selbst haben – einschließlich emotionaler Unzugänglichkeit. Bei meiner Arbeit mit unzähligen Klientinnen stelle ich ihnen am Ende oft die Frage: »Ja, er ist emotional unzugänglich, und, ja, die Typen vor ihm waren das auch, aber statt alles auf sie abzuwälzen, bist *du* vielleicht emotional unzugänglich?«

Als Antwort kommen meist Ausreden: Sie hätten ihre Verletzlichkeit zurückgehalten, weil sie schon einmal tief verletzt worden seien oder weil sie Angst hätten, ihre Verletzlichkeit zu zeigen, oder auch, weil sie nicht wüssten, was es heißt, verletzlich zu sein. Doch das Ergebnis ist immer emotionale Unzugänglichkeit, und deshalb haben sie unbewusst nach genau den Eigenschaften gesucht, die sie selbst besaßen.

Nun könnten wir großspurig behaupten, dass uns so etwas bestimmt nie passieren würde. Wenn wir aber Angst davor haben herauszufinden, wer wir wirklich sind, lassen wir erstaunlich schnell zu, dass jemand anders diese Lücken für uns füllt.

Unsere karmische Liebe unterscheidet sich von unserer ersten Liebe – allerdings nicht so sehr, dass sie uns auffordert, mit dem selbst verzapften Schwachsinn aufzuhören. Sie kann uns aber durchaus zu einem besseren Menschen machen.

Bei der karmischen Liebe können wir – auch wenn wir uns vornehmen, alles richtig zu machen – schon frühzeitig ein Achterbahnmuster in der Beziehung erkennen: Wenn es gut läuft, ist es überirdisch, aber wenn es schlecht läuft, scheint es uns, als könnte es nichts Schlimmeres geben. Und wenn wir am Boden sind, konzentrieren wir uns ausschließlich darauf, wann und wie wir den nächsten Höhenflug erreichen.

Diese Emotionen, Gefühle und Erfahrungen können sich von stürmischen Treffen und Reisen zu exotischen Orten bis zu handgreiflichen Streitereien oder Therapeutenbesuchen erstrecken, nachdem wir zum x-ten Mal betrogen wurden.

Die Liebesbombe

Ob bei uns selbst und/oder unseren Partnern: Sehr häufig weisen diese Beziehungen verschiedene Persönlichkeitstendenzen und -störungen auf, darunter Narzissmus, Co-Abhängigkeit sowie verschiedene Formen von Kontrollsucht oder Missbrauch. Auch wenn so etwas nicht in jeder karmischen Partnerschaft vorkommt, handelt es sich um eine Liebe, die uns am Ende mehr verletzt, als dass sie uns hilft, zu einer besseren Version unserer selbst zu werden.

Am Anfang wird eine solche Dysfunktion wahrscheinlich nur minimal aufscheinen. Vielleicht verbirgt sie sich hinter schlichter Eifersucht oder Unsicherheit. In dem Fall versuchen wir meist selbst, unseren Partner wieder in Ordnung zu bringen und umgekehrt ebenso. Dabei ist uns nicht klar, dass wir das diesmal wirklich nicht hinkriegen werden, sondern im Gegenteil Trigger setzen, die uns nur tiefer in unser Inneres führen und von unserem Partner entfernen.

Narzissten sind äußerst ichbezogen und manipulativ. Anfangs wirken sie sehr liebevoll und aufmerksam, als würden sie uns auf magische Weise verstehen. Vielleicht zeigen sie uns große Zuwendung, sei es in Form von Handynachrichten, über Facetime oder durch extravagante Geschenke. Es scheint, als bildeten wir nun den Mittelpunkt ihrer Welt.

Das ist jedoch nur ihre Methode, sich ein Opfer zu angeln: In der Phase der sogenannten Liebesbombe sind wir ihr Ein und Alles. Sie richten sich ganz nach uns und lernen so, wie sie unsere Emotionen effektiver manipulieren können. Dies verstärkt den Spiegeleffekt, denn wir verlieben uns nicht nur in uns selbst, sondern sie projizieren auch spezielle Eigenschaften, die sie nicht besitzen, um uns zu fesseln und an sie zu binden. Das führt dazu, dass wir ihnen schnell und heftig verfallen.

Die Liebesbombe kommt wie ein Wirbelwind. Die Beziehung entwickelt sich sehr schnell. Aber eigentlich ist es so, dass Narzissten etwas von einem wollen. Vielleicht ist es die Bestätigung, die die Beziehung ihnen verleiht, da sie meist kaum Selbstvertrauen haben. Es kann sich aber auch um etwas Materielles handeln oder sogar um ihre eigene Identität, weil man selbst eine Eigenschaft besitzt, die sie gern hätten.

Doch Narzissten handeln nicht allein. Sie brauchen jemanden, der offen ist für ihre Aufmerksamkeiten und Spielchen. Letztlich ist die Co-Abhängige die perfekte Partnerin für den Narzissten: Weil sie nichts anderes will, als ihrem Liebhaber Anerkennung zu schenken, um sich selbst besser zu fühlen.

Karmische Beziehungen können ebenfalls kontrollierend oder gar missbräuchlich sein, weil sie eine Ebene des Trauma-Bonding berühren. Deshalb ist eine Loslösung aus diesen Beziehungen meist noch schwieriger als aus der mit unserem Seelenpartner.

Trauma-Bonding ist die Loyalität zu einem destruktiven Partner und dieser Partnerschaft. Wir finden zueinander, nicht um eine wunderbar gesunde Beziehung zu führen, sondern weil wir uns beide so mies fühlen. Diese Art der Liebesbeziehung basiert auf gemeinsamen Verletzungen, Ängsten und, ja, auch auf Karma. Trauma-Bonding beruht auf dem Glauben, dass wir es nicht besser können oder nicht in der Lage sind, einen bestimmten Zyklus zu durchbrechen, auch wenn wir wissen, dass es nötig wäre.

Partner in Beziehungen, die auf Narzissmus, Co-Abhängigkeit, Missbrauch basieren oder einfach nur ungesund sind, wachsen durch geteilte Verletzungen oder Schmerz näher zusammen. Partnerschaften dieser Art kommen zustande, wenn wir meinen, es nicht besser zu verdienen, wenn wir kein positives Selbstbild haben oder erst noch lernen müssen, uns selbst zu lieben.

Die karmische Beziehung funktioniert wie eine Droge: Wir sind high von den guten Zeiten, von der Liebesbombe, den Geschenken, den Reisen und dem Sex. Und wenn es mal schlechter läuft, wenn wir enttäuscht oder verraten werden, uns heftig streiten oder sogar betrogen werden ... bleiben wir. Wir bleiben, weil wir süchtig sind nach den positiven Gefühlen, mit denen wir unser Selbstwertgefühl aufbessern. Uns ist in dem Moment einfach nicht bewusst, wie wir an uns selbst arbeiten könnten, und benutzen daher die Liebesdroge von unserem karmischen Partner als Ersatz.

Ob wir uns aus einer gesunden Position heraus für die Liebe entscheiden oder aus einer der Verletztheit, macht einen großen Unterschied.

Maya gab sich nach außen hin extrem selbstbewusst. Meine Klientin strahlte Selbstsicherheit aus, war sehr kreativ und ehrgeizig – Eigenschaften, die auf Narzissten anziehend wirken. Sie ahnte nicht, dass sie die meiste Zeit ihres Lebens in co-abhängigen, narzisstischen Beziehungen verbracht hatte.

Dieser Zyklus funktionierte eine Weile. Maya führte großartige Liebesbeziehungen und half vielen Männern, aber sie wurde auch unzählige Male betrogen, hatte Liebeskummer und machte trotzdem weiter.

Bei näherer Betrachtung wurde deutlich, dass sie gar kein so starkes Selbstwertgefühl besaß und ihre co-abhängigen Männerbeziehungen für die eigene Bestätigung nutzte. Eines Tages sprachen wir über Selbstwert und ihre Vorstellung von Heilung, was uns zum Thema Co-Abhängigkeit führte. Manchmal blitzt Bewusstsein auf wie ein Licht in der Dunkelheit. Ich erinnere mich, wie Maya ihre Situation auf einmal als das erkannte, was sie war. Schockiert sagte sie: »O mein Gott, ich fasse es nicht, das stimmt wirklich!« Sie war tatsächlich erleichtert, dass es eine Begründung für ihr Beziehungsmuster gab.

Maya begann sofort, einiges zu ändern. Das bedeutete aber auch, dass sie nicht länger das perfekte Opfer für ihren geliebten Narzissten war: Auf einen Schlag war sowohl die Beziehung als auch ihr Zyklus der Co-Abhängigkeit am Ende.

Nach der Beziehung mit unserem Seelenpartner suchen wir nach etwas Aufregendem, nach einem Feuerwerk und Lebendigkeit. Wir wollen uns so fühlen, als hätten wir alle Barrieren durchbrochen, die unsere Familie und die Gesellschaft uns gesetzt haben. Barrieren, die uns davon abhalten, unser bestes Selbst zu sein. Deshalb ist diese neue, karmische Beziehung im Grunde ungesund, dafür aber nie langweilig. Auch lässt sie uns glauben, dass wir mit unserem Partner in tiefere Ebenen der Intimität vordringen.

Es ist äußerst typisch, dass sich Partner in dieser Null-zu siebzig-Phase ganz schnell aufeinander einlassen oder zusammenziehen: Sie haben das Gefühl, sich in der anderen Person endlich gefunden zu haben. Es ist, als würde der andere uns vervollständigen.

Den Mangel loslassen

Erste Probleme unverhohlen zu ignorieren, weil sich die Liebe so intensiv anfühlt, ist ganz normal. Diese wichtige Erfahrung müssen wir machen: Sie hilft uns, zu verstehen, dass wir nicht von jemand anderem erwarten können, all unsere Mängel zu kompensieren. Wir dürfen unser Selbstgefühl nicht darauf gründen, wie jemand anders uns sieht, und können uns keinesfalls darauf verlassen, dass jemand anders uns zu einem positiven Ichgefühl verhilft. Wenn wir andere immer nur dazu benutzen, die Lücke in uns zu füllen, werden wir weiterhin von einer Beziehung zur nächsten wechseln.

Wir sind entschlossen, diese Beziehung aufrechtzuerhalten und es endlich auf die Reihe zu kriegen. Allerdings wird uns das nicht gelingen, weil wir *uns* immer noch nicht auf die Reihe bekommen haben. Wir haben uns keine Zeit genommen, zu hinterfragen, wer wir sind, was wir getan haben und was man uns angetan hat. Wir suchen immer noch nach Bestätigung von außen. Nicht unbedingt, weil wir die Werte hochhalten, die unsere Familie uns bei unserem Seelenpartner aufgedrängt hat, sondern wegen der Aufregung und dem Suchtfaktor einer ungesunden Liebe, die oft in tiefer Verletzung endet. Trotzdem kommen wir nicht auf die Idee fortzugehen.

In dieser Phase der karmischen Liebe ist uns einfach nicht bewusst, dass wir zuerst uns selbst auf die Reihe kriegen müssen, bevor wir eine Beziehung eingehen. Wir denken weniger darüber nach, was für ein Typ Mensch wir sind, als darüber, was für eine Partnerin wir diesem stürmischen Liebhaber sein können. Wir wollen unserem Partner gewisse Dinge geben, wir wollen von ihm auf eine bestimmte Art gesehen oder auch in finanzieller oder emotionaler Hinsicht gebraucht werden, um uns selbst wichtig und gebraucht zu fühlen. Unterbewusst glauben wir, dass wir auch mit uns selbst klarkommen werden, sobald wir die Beziehung geordnet haben, nicht wissend, dass diese Art der Beziehung nicht lediglich zum Untergang verurteilt ist, sondern dazu, in Flammen aufzugehen. Danach ist es unsere Aufgabe, aus der Asche aufzuerstehen.

Das Interessante an der Seelenpartner- wie an der karmischen Liebe ist, dass wir in beiden Beziehungen immer wieder flüchtige Eindrücke davon erhalten, wer wir wirklich sind. Wir spüren, dass unsere Intuition oder unser emotionaler Radar förmlich explodiert, doch uns fehlt das Selbstvertrauen, um uns auf diese Gefühle zu verlassen. Daher konzentrieren wir uns auf das, was *vor* uns ist, statt auf das, was *in* uns ist.

Das heißt, wir konzentrieren uns immer noch auf den Mangel.

Wenn wir den Mangel in Beziehungen und in uns selbst fokussieren, liegen unsere einzigen Quellen der Bestätigung und des Selbstvertrauens außerhalb von uns. Dann geht es nicht darum, wer wir sind, sondern darum, wie wir uns durch jemand anderen fühlen; nicht darum, was wir tun können, sondern was wir für möglich halten, wenn wir mit dieser Person eine Beziehung führen. Allerdings geht es auch darum, dass wir uns ohne Partner unvollständig fühlen.

Solange wir aus diesem Mangel heraus agieren, bleiben wir weiter mit unserem Ego verbunden. Wir haben noch nicht erfahren, dass wir schon alles sind, was wir brauchen, und alles besitzen, was wir uns wünschen. Das schließt Selbstvertrauen, Wertschätzung und Selbstwertgefühl ein sowie die Liebe selbst: der einzige Grund, warum wir uns jemals wirklich ungeliebt fühlen, ist, dass wir uns selbst nicht lieben.

Wir agieren immer noch vom Ego aus, und zwar nicht nur, solange wir nach Beziehungen suchen, die unsere Wertlosigkeit bestätigen oder unser Selbstvertrauen auf oberflächliche Weise nähren, sondern auch, solange wir glauben, dass wir etwas richtig machen können, nur weil wir uns wünschen, dass es das Richtige ist. Die echte ewige Liebe hat nur wenig mit unseren Wünschen zu tun. Die ewige Liebe ist einfach dazu bestimmt, zu geschehen. Sie ist das ultimative Ziel der Vereinigung.

Allerdings können wir die Kontrolle über unser Liebesleben nicht aufgeben, weil wir es immer noch dafür nutzen, zu definieren, wer wir sind und wo unser Platz in dieser Welt ist. Deshalb bleiben wir dran, bemühen uns weiter, ignorieren wieder einmal das Warnschild direkt vor unseren Augen und hoffen, dass wir uns diesmal nicht getäuscht haben.

Der Freie-Wille-Trotzanfall

»Es ist aber mein freier Wille.« Diesen Satz habe ich oft von Menschen gehört, die rechtfertigen, warum sie bestimmte Dinge tun und andere nicht. Das entspricht im Grunde dem Trotzanfall eines Kleinkinds.

Der freie Wille ist die Maskerade des Egos, das uns immer noch glauben lässt, wir hätten alles unter Kontrolle und sollten – oder gar könnten! – unseren Willen durchsetzen oder unsere Entscheidungen rechtfertigen: »Ja, ich weiß, dass diese Beziehung von außen verrückt wirkt, aber es ist mein freier Wille, mich dafür zu entscheiden.« Oder auch:

»Ja, ich liebe diese andere Person, aber ich will in meiner Beziehung bleiben, weil das mein freier Wille ist.«

Doch irgendwann gilt es, erwachsen zu werden und zu realisieren, dass sich nicht alles um unser Ego und unseren freien Willen dreht. Vielmehr geht es darum, wo uns unsere innere Stimme hinführt und was sie uns sagen will.

Wir könnten unser ganzes Leben nach unserem freien Willen ausrichten und würden doch nie glücklich werden.

Unter gewissen Umständen heiraten wir sogar unsere karmische Liebe, weil wir so überzeugt davon sind, uns nicht zu täuschen, dass wir alles tun, um es in Ordnung zu bringen, also auch unseren freien Willen einsetzen. Falls wir nicht schon Kinder mit unserem Seelenpartner haben, ist unser karmischer Partner meist derjenige, den wir heiraten und mit dem wir Kinder kriegen wollen. Oft lernen wir ihn schon früh kennen, direkt nach der Highschool bis Ende zwanzig. Das ist die Zeit, in der wir glauben, alles anders zu machen. Tatsächlich folgen wir aber lediglich dem für uns vorgesehenen Plan – außer, wir tun es mit jemandem, der uns durch die ständigen Hochs und Tiefs einer ungesunden Beziehung in Abhängigkeit hält.

Im Honeymoon unserer zweiten Liebe ist es uns das Wichtigste, sie aufrechtzuerhalten, ohne darüber nachzudenken, ob wir uns Sorgen machen sollten. Diese Liebe wird uns spätestens nach einem Jahr zur Rechtsberatung oder zum Therapeuten führen, denn wir halten um jeden Preis an ihr fest, um nicht zugeben zu müssen, dass die Sache bereits gelaufen ist. Beziehungsberatung ist hilfreich, wenn im Anfangsstadium Probleme auftauchen, die sogar die jeweiligen Grundwerte oder -überzeugungen betreffen. Meist aber legt sie Differenzen frei, die es schwer machen, eine friedliche, gesunde und langfristige Beziehung zu führen.

Wohlgemerkt, ich habe nicht gesagt, dass so ein Paar nicht zusammenbleiben wird, sondern nur, dass diese Liebe eher keine langfristige Zukunft verspricht. Das liegt daran, dass wir manchmal auf einen Freier-Wille-Trotzanfall setzen und statt im Sinne unserer Hoffnungen oder unseres Wohlbefindens zu entscheiden, uns von unseren Ängsten und Verletzungen leiten lassen.

Ashley hatte beispielsweise ihre karmische Liebe geheiratet und mit ihr eine Familie gegründet. Als ich sie kennenlernte, lebte sie in einer mehrjährigen Ehe, die ihr alles genommen hatte, einschließlich ihres Seelenfriedens. Sie wandte sich an mich, damit ich ihr half, es wieder »auf die Reihe zu bekommen«, und zwar nachdem ihr Mann fremdgegangen war, ihr eine Geschlechtskrankheit verpasst, die Kinder vernachlässigt und sie verprügelt hatte. Sogar nach einem erneuten großen Streit versuchte sie immer noch, die Dinge ins Lot zu bringen, wobei sie mir beschrieb, wie umwerfend er war und wie sehr sie ihn liebte.

Liebesbombe vom Feinsten.

Manchmal wollen wir etwas partout nicht loslassen, weil wir fürchten, dass es unsere letzte Chance auf Liebe oder Glück ist, obwohl wir gar nicht wissen, wodurch diese Bedürfnisse überhaupt erfüllt werden könnten. Daher entscheiden wir uns nicht dafür, bedingungslos geliebt und akzeptiert zu werden, und auch nicht dafür, dass diese Person uns hilft, eine bessere Version unserer selbst zu werden. Vielmehr entscheiden wir uns dafür, einfach nur Angst zu haben, dass wir für immer allein bleiben könnten, wenn wir sie gehen lassen.

Genau dieses Gefühl vermittelte Ashley mir bei einem unserer ersten Telefonate: »Ich kann nicht allein sein, ich habe Angst, dass ich für immer allein bleibe, wenn ich ihn verlasse, und ich war noch nie allein.« Diese Angst kannte ich schon von anderen Frauen, weshalb ich ihr die gleiche Antwort gab wie jenen: »Das, was wir am meisten fürchten, ist genau das, was wir erfahren müssen. Ansonsten werden wir uns nie wirklich von diesen Mustern befreien.«

In dieser Beziehung geht es darum, stark genug zu sein, um auf eigenen Beinen zu stehen.

Warte nicht länger auf deinen Märchenprinzen und rette dich selbst

Solange wir uns unseren größten Ängsten nicht stellen, werden sie uns weiterhin beherrschen. So kann es durchaus vorkommen, dass wir in bestimmten Situationen vor Angst wie gelähmt sind oder uns so gefangen fühlen, dass wir keinen Ausweg sehen.

Kein gesunder Partner wird einem die Aufgabe abnehmen, zu lernen, wie man sich selbst rettet. Das bedeutet nicht, dass wir uns ganz allein durchs Leben schlagen müssen, aber dass wir eine Beziehung nicht dafür benutzen dürfen, um einer anderen zu entkommen.

Und manchmal müssen wir die Schwerstarbeit ganz allein erledigen.

Wir können uns nicht davor drücken, uns zu entwickeln, und es gibt auch keine Abkürzung. In dieser Phase ignorieren wir vermutlich immer noch sämtliche Vorzeichen und tun so, als ob alles in Ordnung wäre. Tief drinnen wissen wir jedoch, dass das nicht stimmt. Es ist nicht leicht, an den Punkt zu gelangen, an dem wir uns nicht nur unserer Angst vor dem ewigen Alleinsein stellen, sondern uns auch aus dieser potenziell ungesunden Lage befreien. Aber das, was wir aus dieser Erfahrung lernen, kann uns keiner mehr nehmen.

Diese Liebe lehrt uns, zur Heldin unseres verdammten Drehbuchs zu werden.

Es ist an uns, uns aus dem Schlamm zu ziehen, in die Chefrolle zu schlüpfen und das Leben in die Hand zu nehmen, auch wenn wir keine Ahnung haben, wie zum Teufel das gelingen soll. Wir müssen einiges ändern: unsere Muster, die Personen, die wir anziehen, und dafür auch die Schwingung, die wir aussenden.

Alles im Leben hat eine gewisse Schwingungsfrequenz. Gefühle wie Liebe und Glück schwingen höher, während Eifersucht, Wut und Rache niedriger schwingen. Um bessere Entscheidungen für uns zu treffen, müssen wir unseren festen Plan loslassen. Damit meine ich, dass wir wissen sollten, wann wir abspringen müssen, vor allem wenn das Flugzeug bereits in Flammen steht.

Niemand muss sich für die Liebe aufopfern.

In diesem Stadium versuchen wir vielleicht nicht mehr, unsere Eltern glücklich zu machen, aber wir versuchen immer noch, in der Liebe nicht zu scheitern. Solange wir uns mehr um das Drehbuch bemühen als um eine gesunde Beziehung, werden wir uns weiterhin selbst ausbremsen und niedriger schwingende Entscheidungen treffen.

Es geht darum, ein höheres Niveau zu erreichen.

Das bedeutet, unsere Schwingung anzuheben, indem wir uns auf uns selbst fokussieren. Dadurch werden wir auch für eine andere Art von Menschen attraktiv. Sobald wir uns selbst über das Drehbuch stellen, steigt unser Glück – und demzufolge unsere Schwingung – automatisch an, und wir beginnen, Menschen anzuziehen, die sich auf einem ähnlichen Niveau befinden.

Die Liebe wird sich nie so verhalten, wie wir es uns vorstellen, vor allem weil ihr ganzer Zweck darin liegt, dass wir von der Beziehung lernen und an ihr wachsen, egal ob sie einen Monat dauert oder bis zu unserem letzten Atemzug auf dieser Erde. Liebe hat die Fähigkeit, uns zu verwandeln, uns zu helfen, mit unseren Ängsten und Verletzungen umzugehen, die wir seit der Kindheit mit uns herumtragen. Darüber hinaus kann sie uns vom Glauben befreien, dass wir es tatsächlich in der Hand haben, ob eine Beziehung endet oder nicht.

In der Phase unserer karmischen Beziehung lernen wir, dass wir nichts fortführen können, dessen Ende vorherbestimmt ist. Wir können nicht etwas in Ordnung bringen, das dafür gar nicht bestimmt war. Und schlussendlich können wir keine Beziehung aufrechterhalten, bevor wir uns nicht die Zeit nehmen, zuerst die Beziehung zu uns selbst zu verbessern.

Deshalb lieben wir, verletzen wir und werden verletzt, während wir uns durch dieses frühe Beziehungsstadium kämpfen. Wir sehen das Warnschild und ignorieren es, in dem Wissen, dass es vielleicht nicht die Art der Liebe ist, von der wir so viel gehört haben, aber auch in der Angst, uns getäuscht zu haben. Denn das würde bedeuten, wieder ganz am Anfang zu stehen.

Wie zu der Zeit, als wir jeden Abend allein ins Bett gegangen sind und im Spiegel niemanden außer uns selbst gesehen haben.

All das geschieht jedoch nicht zufällig: Es ist der Zyklus der Beziehungen, die wir durchlaufen müssen, um zu unserer dritten und letzten Liebe zu gelangen. Daher verbringen wir vielleicht Jahre mit unserem karmischen Partner oder springen zwischen unserem sicheren Seelenpartner und neuen Liebhabern vor und zurück. Letztlich aber ist es Vorsehung, dass wir uns mit all diesen Beziehungsproblemen abmühen, um ein für alle Mal die nötigen Lektionen zu lernen.

Manchmal wollen wir nicht sehen, was direkt vor uns liegt, und manchmal ist das, was direkt vor uns liegt, genau das, von dem wir uns abwenden sollen. Wie dem auch sei: Die Dinge können sich erst ändern, wenn wir unsere Art, sie zu betrachten, ändern. Was bedeutet, dass wir aufhören müssen, etwas in Ordnung *bringen* zu wollen.

Lassen wir es stattdessen so, wie es vorgesehen ist. Auch wenn es sich einfach nur als eine weitere Lektion erweist.

DIE WIRKLICHKEIT

Wir bringen das Schlechteste im anderen hervor

»Der Weg zur Hölle ist mit guten Vorsätzen gepflastert.«
Wohl kein anderes Sprichwort beschreibt diese Phase unserer Beziehungsreise treffender. Dennoch zeigen wir oft mit dem Finger auf unseren Partner und geben ihm die Schuld dafür, dass es nicht funktioniert hat. Wir realisieren nicht, dass es für eine Bruchlandung in der Beziehung immer zwei braucht; so wie es auch zwei braucht, um die Liebe aufrechtzuerhalten.

Wir lassen uns auf unsere karmische Liebe ein, ohne uns klarzumachen, dass wir genau die Eigenschaften auf unseren Geliebten projizieren, die wir uns vermeintlich selbst wünschen: seine Wildheit und Freiheit, sein Hochleistungsleben oder was auch immer uns ursprünglich zu ihm hingezogen hat.

Wir versuchen, Unterschiede wahrzunehmen, andere Entscheidungen zu treffen und präsenter, verantwortungsvoller, liebevoller zu sein als vorher – alles in der Erwartung, erfolgreicher zu sein, wenn wir die Beziehung einfach anders handhaben. Dabei verkennen wir jedoch, dass wir nicht unser äußeres Verhalten ändern müssen, sondern etwas in unserem Inneren, damit es sich spürbar auf unsere Beziehungen auswirkt.

Dieses Stadium unserer karmischen Liebe ist einer der schmerzlichsten Momente auf der Reise zur wahren und dauerhaften Liebe, denn wir realisieren, dass wir noch nicht so weit gekommen sind wie erhofft. Wir erkennen, wie verletzt wir nach wie vor sind und wie viel wir noch wachsen müssen, nicht nur, was unsere intimen Beziehungen betrifft, sondern auch unsere persönliche Entwicklung. Um unsere Lektionen wirklich zu lernen und in der Lage zu sein, uns und unsere Motive ehrlich zu betrachten, müssen wir innerlich aufbrechen.

In der Wirklichkeitsphase unserer karmischen Liebe verletzen wir einander, unsere Ängste und alten Muster brechen auf, und möglicherweise denken wir sogar, wir hätten bei unserem Seelenpartner bleiben sollen. Diese Liebe mag vielleicht nicht so intensiv gewesen sein, dafür hatte sie aber auch nicht die Macht, uns so tief zu verletzen wie unsere karmische Liebe.

Wir konzentrieren uns kaum noch auf uns und das, was wir falsch gemacht haben, sondern überlegen, was man uns angetan hat oder wie wir unser eigenes Verhalten rechtfertigen können.

Eigentlich könnten wir auf diesem Weg der Selbsterkenntnis, seit Verlassen unseres Seelenpartners, schon weiter fortgeschritten sein. Aber wahrscheinlich stagniert die Entwicklung in dieser Phase eher: Weil wir uns so ungeheuer schuldig fühlen, dass wir es wieder nicht geschafft haben, eine Beziehung aufrechtzuerhalten oder unser bestes Selbst hervorzukehren. Wir entwickeln uns zu der Person zurück, die wir vorher waren, wir beschuldigen den anderen, benutzen andere als Ablenkung, um uns nicht mit der Situation direkt vor uns befassen zu müssen. In diesem Prozess entwickeln wir uns nicht nur *nicht* zu unserem besten Selbst, sondern üben uns vielmehr darin, das Schlechteste im anderen hervorzubringen.

Das liegt daran, dass wir es uns in jenem Sucht erzeugenden Muster von Verletzung und Liebesbombe eingerichtet haben, um den nächsten »Schuss« von der Beziehung zu bekommen, anstatt uns selbst zu heilen.

Unsere karmische Liebe *soll* uns herausfordern und so tief verletzen, dass uns nichts anderes übrig bleibt, als uns endlich mit all dem Mist zu konfrontieren, vor dem wir so lange geflohen sind. Es spielt keine Rolle, wer wir sind oder wie viel wir angeblich an uns gearbeitet haben: Sobald unsere karmische Liebesbombe nachlässt und sich die Realität einschleicht, werden wir automatisch getriggert werden.

Zu dem Zeitpunkt kann sich dieses Triggern wie ein Treuebruch anfühlen.

Es wird sich anfühlen wie das Schlimmstmögliche, was passieren kann. Aber denk daran, dass es das eigentliche Ziel dieser Beziehung war, an diesen Punkt zu gelangen: Damit wir gezwungen sind, zu wachsen und endlich all das in uns anzuschauen, was wir immer zu ignorieren versucht haben.

Wir können niemals vor uns selbst fliehen

Teil dieser Liebesreise ist es, zu lernen, dass wir nicht vor der Arbeit an uns selbst fliehen können, indem wir uns in eine Beziehung stürzen. Wir können unsere offenen Wunden oder Gefühle der Wertlosigkeit nicht verbergen, weil die Trigger so lange wiederkehren werden, bis wir uns letztlich dazu entschließen, uns endlich eingehend mit ihnen zu beschäftigen.

Oder weil es unausweichlich wird, sich mit ihnen zu beschäftigen.

Die Arbeit an sich selbst ist niemals einfach. Und es ist ein Prozess, der nie ganz abgeschlossen sein wird. Wir entwickeln uns, unsere Wunden werden heilen, doch Trigger wird es immer geben. Schließlich sind wir alle nur Menschen. Keiner von uns ist vor der Wirklichkeit des Lebens und der Liebe gefeit.

In einer gesunden Beziehung zu sein bedeutet nicht, dass wir niemals schwierige Zeiten, Streite oder auch Trigger erleben, sondern in der Lage sind, all das ohne Projektionen und Anschuldigungen zu durchstehen. Es ist der Unterschied zwischen »Schau, was du mir angetan hast!« und »Ich fühle mich so, weil ...«. Wir werden emotional reifer und lernen, eine Gefühlsregung wahrzunehmen, ohne uns gleich darin einzurichten und zu verharren.

Es gibt keine perfekte Beziehung.

Dabei spielt es keine Rolle, ob es sich um unsere erste oder zweite Liebe oder gar um unsere Zwillingsflamme handelt. Eine gute Beziehung wird uns auf jeden Fall dazu zwingen, zu wachsen, Dinge anders zu betrachten und jene Gefühle zu verarbeiten, die uns nicht nur davon abhalten, unser bestes Selbst zu sein, sondern auch davon, die Art von Beziehung zu führen, die wir uns erhoffen.

Wenn wir erkennen, dass wir nicht vor uns selbst und der Arbeit an uns fliehen können, wechselt unsere Perspektive von einem äußeren zu einem inneren Fokus. Es geht dann weniger darum, was der andere tut, als darum, warum wir etwas Bestimmtes empfinden.

Dieser Prozess besteht zum Teil darin, die Dinge nicht mehr so persönlich zu nehmen. Wenn unser Partner einen schlechten Tag hat, launisch oder mürrisch ist, beziehen wir es nicht mehr auf uns. Wenn der tolle Typ, mit dem wir ausgegangen sind, tagelang schweigt, denken wir nicht: »Oh, bestimmt mag er mich nicht, warum habe ich das nur zu ihm gesagt, er muss mich total doof finden.«

Wenn wir begreifen, dass jeder Mensch die Welt auf seine individuelle Weise erlebt und unabhängig von uns sein eigenes Drehbuch schreibt, dann begreifen wir auch, dass es nicht an uns liegt, was andere tun. Allmählich durchschauen wir unser Ego und lernen, nicht aus dessen Gedanken und Überzeugungen heraus zu agieren. Unser Ego denkt, alles hätte mit ihm zu tun. Es denkt, es läge an ihm, ob Leute uns zurückrufen oder den Kontakt abbrechen: Wir hätten also im Grunde die Kontrolle über das Verhalten und die Entscheidungen der anderen.

Während wir durch die Arbeit an uns selbst wachsen, begreifen wir, dass wir unser Drehbuch haben und unser Partner seins. Wenn wir einmal gelernt haben, nicht alles persönlich zu nehmen, erschließen wir uns eine ganz neue Art, miteinander umzugehen.

Als Hailey und ich miteinander zu arbeiten begonnen haben, war sie verheiratet und hatte, wie sie zugab, den Großteil ihres Erwachsenenlebens in dem narzisstischen/coabhängigen Zyklus verbracht. Sie war seit mehreren Jahren von diesem Mann geschieden, wusste aber noch nicht, wie sie mit ihrem neuen Partner umgehen sollte. In ihrer neuen Beziehung geriet sie ständig in Trigger-Situationen. Hailey regte sich auf, wenn er ihr nicht gleich zurücktextete oder Pläne hinauszögerte – eigentlich immer dann, wenn sie sich an die Dynamik ihrer karmischen Liebe erinnert fühlte.

Wir unterhielten uns ausführlich darüber, dass es positiv war, wenn ihr neuer Partner sie triggerte, denn so musste sie darauf achten, was mit ihr geschah, und anders reagieren. Es war eine Gelegenheit, um zu lernen, dass nicht jeder Mann ihr Ex war und sie ihrem neuen Partner gegenüber völlig anders agieren musste. Mit der Zeit lernte Hailey, ihre Gefühle von Anfang an auszudrücken, statt sich passiv-aggressiv zu verhalten. Wenn sie ein Bedürfnis hatte, verbalisierte sie dieses, statt sich darüber zu ärgern, dass ihr Partner es nicht instinktiv wahrnahm.

Vor allem lernte sie, dass er sein eigenes Leben hatte. Er war im Begriff, eine Firma zu gründen, kümmerte sich um Familienangelegenheiten, und manchmal wollte er einfach nur mit Freunden abhängen. Statt jede Kleinigkeit gleich persönlich zu nehmen – »Er wird mit mir Schluss machen« oder »Er kann mich nicht wirklich mögen« –, begann sie, ihren inneren Dialog zu ändern.

Zu dem Lernprozess, nach unserer karmischen Liebe eine Beziehung zu führen, gehört auch die permanente Arbeit an uns selbst, weil wir in Bezug auf Trigger und die entsprechenden Reaktionen mehr Bewusstsein entwickeln müssen.

Doch um dahin zu kommen, Beziehungen auf gesunde Art und Weise angehen zu können, müssen wir zuerst erkennen, *warum* das Verhalten unseres Partners bestimmte Gefühle in uns auslöst oder nicht, und dies auch benennen. Es geht also darum, einzusehen und zuzugeben, dass nicht nur unser Partner schuld ist, sondern auch wir einen Anteil daran haben, wenn in der Beziehung etwas schieflief oder -läuft.

In diesem Stadium fangen wir oft an, bei unserer besten Freundin über unseren Partner zu schimpfen, ihn auf Klischees zu reduzieren oder Sprüche zu verschicken wie »Du weißt nicht, was du hast, bis es weg ist« oder »Du wirst es immer bereuen, eine so tolle Frau verloren zu haben«.

Diese Gefühle haben durchaus ihre Berechtigung, ersetzen aber nicht die Arbeit an uns selbst, die der Zweck dieses Stadiums sind. Wir müssen herausfinden, welches Verhalten oder welche Gefühle es waren, die beide Partner im Verlauf ihrer Beziehung in die aktuelle Lage geführt haben, welche sich nun vielleicht wie eine toxische Liebe anfühlt.

Es braucht zwei, um toxisch zu sein

In unserer karmischen Liebe projizieren wir oft alle Negativität auf unseren Partner: Wir stellen ihn als Arschloch, *Fuckboy* oder vielleicht auch bloß als emotional unzugänglich hin, ohne Verantwortung für unseren eigenen Anteil an der Dynamik zu übernehmen.

Auch wenn wir ehrlich, liebevoll, treu und nett sind und absolut nichts »falsch« machen, bleibt es dabei, dass wir uns für diese Beziehung entschieden haben und das Verhalten unseres Partners tolerieren. Sind wir diejenigen, die betrügen oder lügen? Nein, aber das ändert nichts daran, dass wir für die Wahl unserer Beziehung verantwortlich sind.

Im Grunde ist das, was wir in unserer jeweiligen Beziehung sehen, nur eine Spiegelung dessen, wo wir selbst in dem Moment stehen. Und in toxischen Beziehungen werden wir letztlich mit einem Teil von uns konfrontiert, den wir noch nicht geheilt haben. Es gibt immer einen Grund, warum das nette Mädchen mit dem *Bad Boy* zusammen ist, auch wenn wir noch nicht bereit sind, uns das einzugestehen.

Das bedeutet, wir müssen uns mit uns selbst beschäftigen, um nicht länger eine toxische Beziehung anzuziehen.

Toxische Liebe ist per se ungesund – für unseren Geist, unseren Körper und unsere Seele. Doch um an die Wurzel dessen zu gelangen, was in der karmischen Verbindung wirklich geschieht, müssen wir noch tiefer graben. Ich bin zu der Erkenntnis gelangt, dass sich die Definition einer gesunden Beziehung von Mensch zu Mensch unterscheidet. Wenn mir neue Klientinnen erzählen, dass sie sich eine gesunde Beziehung wünschen, bitte ich sie stets, in einem Tagebuch zu notieren, was genau das für sie bedeutet. Auch wenn sich die einzelnen Tagebücher vielleicht in ihrer Struktur ähneln, unterscheiden sie sich oft in den Details. Und genau diese Details ermöglichen uns ein tieferes Verständnis für unsere Kernbedürfnisse.

Erstmals mit diesen konfrontiert werden wir in unserer Seelenpartnerbeziehung. Doch wir müssen sowohl unsere erste als auch unsere zweite Liebe durchlaufen und verarbeiten, um zu erfahren, worin unsere Kernbedürfnisse tatsächlich bestehen – mehr noch: um in der Lage zu sein, für diese Bedürfnisse auch *einzustehen*.

Im Laufe unserer Seelenpartnerliebe begreifen wir allmählich, dass unsere Kernbedürfnisse nicht unbedingt erfüllt werden, nur weil eine Beziehung gewisse Kriterien erfüllt und andere mit unseren Lebensentscheidungen zufriedenstellt. Unsere neue Beziehung sind wir in dem Glauben eingegangen, dass es diesmal anders wird, ohne uns allerdings die Mühe zu machen, wirklich unsere Motivation für diese Liebe zu ergründen.

Es ist immer einfacher, zu glauben, ein anderer Partner würde uns heilen, als sich die Zeit zu nehmen, es selbst zu tun.

Die fünf Fundamente

Als ich meine Klientin Sam fragte, was sie unter einer gesunden Beziehung verstehe, antwortete sie, dass sie gemeinsam verbrachte Zeit und Transparenz brauche. Mit Letzterem meinte sie, dass ihr Partner nicht hinter ihrem Rücken anderen Frauen Nachrichten schrieb. Nina sagte hingegen, ihr sei es in einer Beziehung wichtig, viel miteinander zu kommunizieren und zu spüren, dass ihr Partner sich Mühe gebe.

Obwohl all diese Gefühle berechtigt sind, geben sie eher Kernbedürfnisse wieder, als eine gesunde Beziehung zu definieren.

Eine gesunde Beziehung muss mehrere Faktoren aufweisen, um so zu funktionieren, dass beiden Partnern am besten gedient ist. Wenn ich mit Klientinnen arbeite, vergleiche ich das Aufbauen einer Beziehung mit dem Bau eines Hauses. Zwar hat jeder Lust, das fertige Haus innen zu streichen und zu dekorieren, ein sicheres Fundament und das Untergeschoss zu errichten überlassen wir aber gern anderen. Genau wie beim Haus repräsentiert das Untergeschoss das Fundament einer Beziehung, den Teil, der ein geliebtes Heim sichert und stabilisiert. Ist das Fundament also nachlässig konstruiert, rissig oder nicht exakt ausgerichtet, bricht alles irgendwann zusammen – egal ob Haus oder Beziehung.

Ich habe etwas entwickelt, was ich die fünf Fundamente nenne: eine Zusammenstellung von Hilfsmitteln, die du verwenden kannst, um eine starke Basis zu errichten, so wie es für ein Haus nötig wäre. Ich schlage vor, sie während der Kennenlernphase einer neuen Beziehung anzuwenden. Sie lauten: Kommunikation, Ehrlichkeit, Verantwortungsbewusstsein, Respekt und Vergebung.

In der Kennenlernphase werden wir langsam miteinander vertraut, eine Zeit, in der wir Frauen oft unsere ganze Macht abgeben und uns fragen »Oh, ob er mich wohl mag?« oder »Ob er wohl noch mal mit mir ausgeht?«, statt innezuhalten und zu überlegen, ob wir diesen Menschen überhaupt als Freund oder gar Liebhaber in unserem Leben wollen.

Kommunikation

Das erste Element der fünf Fundamente ist die Kommunikation. Damit ist nicht bloß gemeint, dass man tagsüber Kontakt hält oder eine Textnachricht schreibt, wenn es mal später wird. Vielmehr muss Kommunikation als treibende Kraft jeder Beziehung fungieren. Viele Männer sträuben sich, wenn sie dieses Wort hören, weil sie glauben, dass wir jetzt täglich stundenlang über unsere Gefühle kommunizieren wollen. In Wirklichkeit ist es ein Lebensstil, der sich dramatisch auf all unsere Beziehungen auswirken kann.

Kommunikation bedeutet, dass wir uns dazu verpflichten, Dinge miteinander zu besprechen. Das heißt, wir geben uns Mühe, nicht dicht zu machen, sondern Trigger, Gefühle oder andere Situationen anzusprechen, sobald sie aufkommen. Wir sind offen und teilen dem anderen mit, wo wir in der Beziehung stehen, ob unsere Kernbedürfnisse befriedigt werden oder wovor wir schlicht und einfach Angst haben. Wir erzählen unserem Partner von unseren Träumen und nicht nur von unserem leckeren Mittagessen. Die Kommunikation bewusst an erste Stelle zu setzen heißt, dass wir nicht gleich weglaufen, wenn Probleme auftauchen, sondern bleiben und darüber reden, wie schwer es auch sein mag.

Was mich betrifft, so brauche ich in einer Beziehung Raum, aber auch körperliche Nähe und viele Streicheleinheiten. Anstatt mich aufzuregen, wenn mein Partner ständig Nachrichten schreibt oder anruft, sage ich ganz offen zu ihm: »Um mein bestes Selbst zu sein, brauche ich ein bisschen Ruhe, um meinen Tag zu verarbeiten.« Wenn es dann so weit ist, weiß er schon Bescheid, und es gibt keine Überraschungen.

Das Gleiche gilt für mein Bedürfnis nach körperlicher Nähe. Anstatt missmutig am anderen Ende der Couch darauf zu warten, dass mich der Mann in meinem Leben endlich in den Arm nimmt, schmiege ich mich an ihn und bitte ihn darum. Ich teile ihm mit, dass ich diese körperliche Nähe brauche, weil ich mich dadurch mit ihm verbunden fühle.

Das führt mich zum wichtigsten Teil der Kommunikation: der präventiven.

Vermutlich ist das der Aspekt, mit dem wir alle gelegentlich zu kämpfen haben. Das liegt daran, dass er wie ein Mangel an Freiheit oder Vertrauen wirken kann, wenn er nicht im Hinblick auf Heilung betrachtet wird. Dabei ist die präventive wie gesagt die wichtigste Form der Kommunikation. Wenn es Paaren gelingt, diese einzuführen, reduzieren sich die Missverständnisse und Streitigkeiten enorm, was logischerweise mehr Zeit für glückliche, verliebte Momente lässt.

Bei der präventiven Kommunikation bringen wir grundsätzlich etwas zur Sprache, bevor es zum Problem in der Beziehung wird. Es könnte sich zum Beispiel so anhören: »Meine Ex-Freundin hat mir gestern geschrieben.« Oder auch: »Das mit uns beiden geht mir gerade etwas zu schnell. Ich brauche noch ein bisschen Zeit, bis wir zusammenziehen.« Wir sprechen etwas an oder erzählen unserem Partner von einem Problem, bevor daraus tatsächlich jener verheerende Konflikt entsteht, den wir nie mehr lösen. Allerdings können wir diese Art der Kommunikation erst praktizieren, wenn wir in der Lage sind, ehrlich zu sein, und uns nicht dafür verurteilen, auf eine bestimmte Art zu fühlen oder zu denken. Auch müssen wir jede Vermutung darüber, wie der andere reagieren könnte, hinter uns lassen.

Es klingt vielleicht elementar, aber wenn wir unserem Partner tatsächlich im Voraus mitteilen können, dass wir uns getriggert oder eingeschüchtert fühlen oder dass unser Ex-Freund vielleicht auch zum Wiedersehenstreffen nächste Woche kommt, lässt sich ein Streit in den meisten Fällen vermeiden. Doch dafür brauchen wir Ehrlichkeit – sowohl zu uns selbst als auch zu der Person, mit der wir in einer Beziehung sind.

Womit wir beim zweiten Punkt wären.

Kommunikation ist nicht nur in Zeiten wichtig, in denen wir einen Ex-Partner kontaktiert haben, sondern auch für unsere Bedürfnisse – etwa dem nach Freiraum und Körperkontakt wie bei mir. Denn wenn wir uns für unsere Bedürfnisse einsetzen können, bauen wir auch eine transparentere und verständnisvollere Bindung zu unserem Partner auf.

Keiner erwartet, dass das Gegenüber Gedanken lesen kann. Und das wird auch nicht nötig sein, weil wir über die wichtigen Dinge miteinander reden werden.

Ehrlichkeit

Wenn wir von Ehrlichkeit sprechen, meinen wir oft, dass es schon ausreicht, nicht zu lügen. Tatsächlich bedeutet es aber sehr viel mehr.

Ehrlichkeit wird als Abwesenheit von Täuschung und Unaufrichtigkeit definiert. Das erwarten wir von einem Liebhaber, von Freundinnen oder der Familie und versuchen umgekehrt, ihnen gegenüber ehrlich zu sein. Allerdings haben wir auch damit zu kämpfen, ehrlich zu uns selbst zu sein – in Bezug darauf, wer wir sind und was wir von der Liebe und dem Leben generell erwarten. Wir müssen dazu wirklich wir selbst sein und nicht ständig versuchen, uns in irgendwelche Rollen zu zwängen oder unser Verhalten an den Erwartungen anderer auszurichten.

Wenn wir ehrlich zu uns selbst sind, stehen wir auch zu unseren Wunden, Fehlern und Schwachstellen. Dann rechtfertigen wir uns nicht oder spielen unsere Wünsche und Gedanken herunter. Erst dann können wir diese Ehrlichkeit auch anderen gegenüber kommunizieren.

Lena trug einen ständigen inneren Kampf mit sich aus, weil ihre Wünsche an eine Beziehung nicht denen entsprachen, die die Gesellschaft uns scheinbar vorschreibt. Sie war offen für die Liebe und bereit, sich auf einen Partner einzulassen. Allerdings wollte sie dabei so vorgehen, wie es sich für sie richtig anfühlte. Aufgrund früherer Erfahrungen kam Lena zu dem Schluss, dass sie niemals ganz mit jemandem zusammenleben wollte. Sie konnte sich gut vorstellen, beieinander zu übernachten und dem anderen ein oder zwei Schubladen bei sich zu Hause zu überlassen. Gleichzeitig wusste sie, dass sie zumindest ein paar Abende pro Woche für sich allein brauchte, um zu lesen, zu meditieren oder einfach nichts zu tun.

Viele Gesellschaften rund um den Globus vermitteln Leuten wie Lena das Gefühl, ihre Vorstellungen seien inakzeptabel, weil sie nicht den gängigen Normen entsprechen, denen sich der Großteil von uns gewöhnlich unterwirft. Aber es war nun mal *ihre* Wahrheit.

Obwohl es ihr bei unseren Gesprächen leichtfiel, ihre Wünsche und Bedürfnisse zu äußern, zögerte Lena, eine

Beziehung einzugehen. Sie fürchtete sich davor, ihren Standpunkt in puncto persönlicher Freiraum erklären zu müssen. Dann lernte sie Clint kennen, einen Musiker, der beruflich viel auf Reisen war, und plötzlich war das große Problem, die Wahrheit zu sagen, gar keine große Sache mehr.

Sobald sich Lena daran gewöhnt hatte, ihre Wahrheit frei auszusprechen, reagierte auch das Universum auf ihre Schwingung: Es brachte sie mit Clint zusammen, einem Menschen, der in der Lage war, eines ihrer Kernbedürfnisse zu befriedigen.

Wenn wir ehrlich zu uns sind, können wir die Wahrheit sagen, nicht nur in Bezug auf unsere Ziele im Leben oder in einer Beziehung, sondern auch in Bezug auf das, was wir tatsächlich über einen bestimmten Urlaubsort oder irgendeine heimliche Hochzeit denken. Wenn wir uns selbst die Wahrheit vorenthalten, überträgt sich das auf unsere Beziehungen. In der Folge bricht die Kommunikation zusammen, und es kommt zum Beziehungskonflikt.

Solange wir unsere Wahrheit nicht kennen, können wir sie einander auch nicht mitteilen. Und das macht es unwahrscheinlicher, dass wir ein authentisches Leben – oder eine authentische Beziehung – führen werden.

Verantwortungsbewusstsein

Verantwortungsbewusstsein in einer Beziehung bedeutet, erst einmal zu lernen, uns selbst, unseren Träumen und Bedürfnissen treu zu sein, bevor wir uns darum kümmern, einem Partner treu zu sein. Wenn wir in der Lage sind, verantwortungsbewusst zu handeln, können wir auch ehrlich sein. Wir kennen dann unsere persönlichen Moralvorstellungen und Grenzen, an die wir uns bewusst halten.

Das ist etwas, was wir mit uns selbst ausmachen müssen. Es muss von innen kommen. Niemand, nicht einmal diese umwerfende große Liebe, kann uns das abnehmen oder uns dazu drängen, besser zu sein, als wir sind.

Wenn wir Verantwortung übernehmen, müssen wir uns kümmern, nicht im wörtlichen Sinne wie zur Arbeit gehen oder rechtzeitig Rechnungen bezahlen, sondern um unsere Seelen, unsere Herzen und die innere Essenz dessen, wer wir sind. Verantwortung für uns selbst zu übernehmen bedeutet, uns nicht untreu zu werden, wenn jemand unsere Partnerwahl missbilligt. Es bedeutet, dass wir nicht in dem kräftezehrenden Job ausharren, nur weil er super bezahlt ist. Und dass wir keinesfalls unsere Integrität opfern – mit anderen Worten lügen –, um die Gefühle eines anderen zu schonen.

In gesunden Beziehungen ist kein Platz für Selbstaufopferung. Ohne Verantwortungsbewusstsein, uns selbst wie auch unserem Partner gegenüber, lassen sich keine soliden Fundamente errichten, auf denen wir die schlimmsten Zeiten durchstehen.

Taylor nahm vor ein paar Jahren Kontakt zu mir auf, weil sie ratlos war, wie es mit ihrer Beziehung weitergehen sollte. Sie meinte, zu wissen, wer sie war – oder zumindest darauf hinzuarbeiten –, die Kommunikation zwischen ihr und ihrem Partner Kyle lief gut, sie liebten sich. Das Problem kam scheinbar von außen: Weder Taylors Familie noch ihre Freundinnen standen hinter ihr und ihrer Entscheidung. Nicht, weil Kyle kein guter Partner war, sondern weil sie glaubten, er passe aufgrund seines anderen ethnischen und sozioökonomischen Hintergrunds nicht zu ihr. Obwohl all das für Taylor keine Rolle spielte, forderte der Druck dieser Situation seinen Tribut. In unseren Unterhaltungen ging es um Verantwortungsbewusstsein und darum, wie wichtig es ist, unsere Unabhängigkeit zu stärken, während wir wachsen.

Selbstständigkeit wird als Fähigkeit definiert, sich ungehindert von anderen für das zu entscheiden, was zu unserem Besten ist. Für viele von uns bedeutet die Suche nach Selbstständigkeit, dass wir uns irgendwann gegen Elternfiguren auflehnen müssen, um geistig und emotional zu reifen.

In Sachen Liebesbeziehungen ist das Thema Selbstständigkeit noch etwas komplizierter.

Wir lieben unsere Familie, und wir lieben unseren Partner. So einfach sollte es sein. Taylor begriff jedoch allmählich, dass ihre Familie die Beziehung zumindest ansatzweise respektierte, je selbstsicherer sie sich zu ihrem Partner und ihrer Verbindung bekannte. Allerdings akzeptierte sie selbst sie nie vollständig. Niemand außer uns wird unser Leben führen, nicht einmal unsere Mütter und Schwestern. Daher müssen wir – freudig – Verantwortung für unsere wichtigsten Entscheidungen einfordern: wen wir lieben, was für einer Arbeit wir nachgehen, ob wir Kinder kriegen oder nicht.

Respekt

Viele meiner Klientinnen reden über Respekt, ohne zu erklären, was genau sie unter diesem Wort verstehen. Und wie bei jedem Aspekt der Liebe müssen wir auch hier von uns selbst ausgehen. Mit Respekt bezeichnet man die Bewunderung und die positiven Gefühle, die wir für jemanden empfinden. Sie sind der Grund, warum wir anderen Loyalität, Geduld, Treue und Verständnis entgegenbringen. Das heißt, wenn wir uns selbst respektieren, weiten wir diese Qualitäten auf unsere eigenen Gedanken, Gefühle und unser Verhalten aus.

Wenn wir uns voll und ganz respektieren, ändern sich unser Umgang und unsere Einstellung zu uns selbst: Wir verurteilen uns nicht wegen unserer Entscheidungen oder eines vermeintlichen Versagens. Wir wissen, dass wir unser Bestes geben. Ein schlechter Tag bedeutet daher nicht automatisch, dass auch wir ein schlechter oder unfähiger Mensch sind.

In einer Beziehung weiten wir diesen bereits uns selbst entgegengebrachten Respekt auf unseren Partner aus. Aus Respekt übernehmen wir Verantwortung für unsere Gefühle und Taten und kommunizieren ehrlich, ohne ständig zu befürchten, dass wir unsere Freiheit opfern oder nicht mehr nach unseren eigenen Wünschen leben können.

Das heißt, wir sehen unseren Partner – noch bevor wir ihn als Liebhaber betrachten – als eine Person, die wir bewundern und verstehen. Wir empfinden Stolz, Liebe und Dankbarkeit dafür, dass wir unser Leben mit ihm teilen dürfen. Wenn wir unserem Partner mit Ehrlichkeit, Verantwortungsbewusstsein und Respekt begegnen, können wir leichter zugeben, dass wir die Feiertage vielleicht lieber nicht mit seinen Eltern verbringen wollen. Wir befürchten keinen Streit, wenn wir ihm erzählen, unser Ex habe uns vor einer Woche geschrieben. Kurz gesagt, wir leben nicht mit einer Zeitbombe, die jederzeit explodieren könnte, sondern mit jemandem, den wir lieben und bewundern und der uns und unsere Eigenheiten ebenfalls liebt und bewundert.

Unseren Partner zu respektieren bedeutet, dass wir ihn zuerst als Individuum betrachten – und dann als Liebhaber.

Vergebung

Das Wort *Vergebung* setzt sich zusammen aus *ver* + *ge-ben*. Es bedeutet, dass wir einem anderen – aber auch uns selbst – etwas geben, reichen. Deshalb ist Vergebung nie etwas, was man erwirbt, beweist oder sich verdient, sondern buchstäblich etwas, was man einfach geben soll.

Wir Menschen bauen oft Mist. Wir geben nicht immer unser Bestes, sondern tun manchmal Dinge, von denen wir wissen, dass wir sie besser sein lassen sollten. Oder wir machen Fehler und vermasseln etwas, weil wir zu viel an uns zweifeln.

Manchmal geschieht das sogar mit der großen Liebe. Doch was uns immer wieder zu uns selbst und unserer Beziehung zurückbringen kann, ist bedingungslose Vergebung. Dabei geht es nicht darum, lediglich »Es tut mir leid« zu sagen oder »Ich verzeihe dir«. Es geht um den Wunsch, unser Bestmögliches zu geben, uns zu entschuldigen, wenn es nicht klappt, es vielleicht wiedergutzumachen und zu zeigen, dass wir zwar nicht perfekt sind, es aber jeden Tag versuchen.

Wenn wir den Wunsch haben, Vergebung in die Tat umzusetzen, wird alles andere machbar.

Es bedeutet, zu wissen, dass noch Arbeit vor uns liegt, dass wir noch dabei sind, zu lernen, zu heilen und herauszufinden, wer wir sind. Aktiv zu vergeben heißt, nicht aufzugeben, es sich nicht leicht zu machen und immer dranzubleiben, egal ob wir fast blind vor Liebe Fotos von unserem Angehimmelten posten oder tränenüberströmt herumschreien.

Niemand ist perfekt. Wir alle hatten schon Momente, in denen wir nicht in Topform waren. Ob wir uns selbst verletzt oder lieber versucht haben, dem Schmerz zu entfliehen: Jede von uns hat irgendwann einmal ihren persönlichen Tiefpunkt erreicht.

Denk an deinen furchtbarsten Moment. Ich spreche von einem sehr großen Geheimnis, das womöglich nur deine beste Freundin kennt – vielleicht sogar noch schlimmer. An den Moment in deinem Leben, von dem niemand jemals erfahren soll. Jetzt stell dir vor, das wäre der Ausgangspunkt, von dem aus man dich beurteilen würde.

Genau das geschieht, wenn du jemandem nicht vollständig vergibst. Im Grunde halten wir der Person ihren allerschlimmsten Moment vor. Entweder verweigern wir ihr die Vergebung, weil dieser Moment zu schrecklich, zu schmerzhaft war, oder weil wir wollen, dass sie leidet.

Wenn wir jedoch nicht wollen, dass man uns ewig unseren furchtbarsten Moment vorhält, dürfen wir das auch nicht bei anderen tun.

Wir vergeben, weil das der einzige Weg ist, das Fundament unserer Beziehung weiter zu stabilisieren. Es mag vorkommen, dass Untreue eine Verbindung ganz beendet. Auch dann ist Vergebung nicht nur möglich, sondern sogar notwendig.

Navaeh praktizierte Vergebung gezielt und ganz bewusst. Sie war unglaublich spirituell und bemühte sich, anderen zu helfen und ein möglichst gutes Leben zu führen. Sie und ihr Partner Marcus hielten die Welt für einen besseren Ort, wenn sie zusammen waren. Sie blieben stehen, um sich mit Obdachlosen zu unterhalten, überlegten sich Möglichkeiten, um Licht in das Leben anderer Leute zu bringen, und versuchten generell, möglichst viel Liebe zu verbreiten.

Als Marcus urplötzlich den Kontakt zu ihr abbrach und sich für eine andere Frau zu interessieren schien, erschütterte das Navaeh in ihren Grundfesten: Sie war wütend, verletzt und verwirrt, dass diese Person, die sie als Teil ihrer Seele empfunden hatte, sich einfach von ihr abwenden konnte.

In einem unserer ersten Gespräche unterhielten wir uns darüber, dass Wut keine primäre Emotion ist.

Wut ist lediglich das Ergebnis eines anderen Gefühls: Schmerz, Enttäuschung, Frust darüber, dass die Dinge nicht so laufen, wie wir es uns gewünscht haben, oder auch Angst. Aus dem Grund analysierten wir Navaehs Wut: Sie fühlte sich von Marcus verlassen und betrogen. Nachdem ihre Gefühle so aufgeschlüsselt waren, ließen sie sich leichter angehen. Wir sprachen darüber, woher diese Gefühle von Vernachlässigung und Verrat in Navaehs Leben stammten und wie wir ihren aktuellen Schmerz nutzen konnten, um eine Wunde zu heilen, von deren Existenz sie bislang nichts gewusst hatte.

Wir schauten uns auch seine verletzenden Handlungen an. Verletzte Menschen verletzen Menschen, weißt du noch? Navaeh begriff, dass Marcus sie verletzte, weil er selbst an noch nicht verheilten Wunden litt. Deshalb war es für sie zwar immer noch nicht in Ordnung, aber sie konnte ihn verstehen und ihm vergeben. Und akzeptieren, dass es passiert und letztlich vielleicht sogar notwendig gewesen war, um ihnen beiden tiefer gehende Heilung zu ermöglichen.

Beide arbeiten weiter an sich und ihrer gegenseitigen Verbindung und sind nach wie vor sehr verliebt. All das wäre nicht möglich gewesen, wenn Navaeh Marcus nicht vergeben hätte.

Uns selbst das Herz brechen

Liebe kann vieles bedeuten, doch der entscheidende Faktor ist, niemals aufzugeben. Das mag der Grund dafür sein, dass unsere karmische Liebe uns das Herz bricht.

Wir haben uns gewünscht, dass diese Liebe andauert, und hatten das Gefühl, uns mehr geöffnet zu haben als je zuvor. Wir haben intensiver geliebt und mehr miteinander geteilt. Wir haben unser Bestes gegeben, weil die Beziehung uns im Innersten berührt hat. Trotz alledem entfernen wir uns nicht nur voneinander, sondern sind auch nicht mehr diejenigen, die wir zu sein glaubten. Auf einmal antwortet er tagelang nicht auf unsere Nachrichten und bestraft uns mit Schweigen, während wir ihm in den sozialen Medien nachstellen, um herauszufinden, wem er jetzt seine Aufmerksamkeit schenkt.

Wir müssen uns klarmachen, dass diese karmische Liebe uns herausfordern wird: Werden wir unseren eigenen persönlichen Ansprüchen gerecht? Respektieren wir uns selbst, sind wir ehrlich zu uns? In den meisten Fällen versetzt uns die karmische Leidenschaft in einen erbärmlichen Zustand, weil all das nicht zutrifft.

Doch das ist genau der Punkt.

Wir können uns erst verbessern, wenn wir die Talsohle erreicht haben; wenn wir also realisieren, dass nichts mehr von alledem, was wir getan haben, funktioniert. Wenn wir ehrlich sind, versuchen wir uns einfach weiter so durchzuschlagen, ohne uns wirklich auf die schmerzliche, Übelkeit verursachende Arbeit an uns selbst einzulassen. Bis wir irgendwann keine Lust mehr auf unseren eigenen Mist haben. Ein gutes Beispiel dafür zeigen Jake Gyllenhaal und Anne Hathaway in dem Film »Nebenwirkung inklusive« von 2010.

Jake verkörpert den leichtlebigen Playboy Jamie, der einfach nur die Frauen und seine nächste Eroberung genießt. An sich selbst zu arbeiten kommt ihm nicht in den Sinn, und er denkt auch nicht groß über Intimität oder irgendwelche aufkommenden Gefühle nach. Annes Figur Maggie leidet hingegen an Parkinson und ist ausschließlich damit beschäftigt, niemanden zu nah an sich heranzulassen und sich an keinen Menschen zu binden.

Die beiden begegnen einander ohne besondere Ehrlichkeit, Respekt oder Verantwortungsbewusstsein, auch sich selbst gegenüber. Aber sie haben von Anfang an viel Spaß, haufenweise zwanglosen Sex und fühlen sich miteinander einfach wohl. Keiner von ihnen plant, sich zu verlieben, und noch weniger wollen sie eine von ihnen so gefürchtete Verpflichtung eingehen. Als sie schließlich merken, dass sie bereits verliebt sind, verfallen sie in Sabotage und Selbstzerfleischung. Sie trennen sich und suchen Ablenkung bei anderen, doch in ihrem Innersten vermissen sie die Verbundenheit, die sie miteinander fühlten.

In diesem Moment beginnt die harte Arbeit: Beide nehmen erstmals ihre neu entdeckten Wünsche und Bedürfnisse wahr. Erst jetzt sind sie wirklich in der Lage, füreinander da sein.

Unsere karmische Liebe lässt uns aufbrechen, sodass wir offen genug sind, um an uns zu arbeiten und unsere dritte Liebe an uns heranzulassen. Wir hatten die besten Absichten, treu zu bleiben, verletzlich oder einfach nur ehrlich zu sein. Doch in Wirklichkeit konnten wir all das nicht für jemand anderen tun, weil wir in dieser Phase noch nicht gelernt hatten, es voll und ganz für uns selbst zu tun.

Wir können anderen nur das geben, was wir uns vorher, nach einem Lernprozess, selbst gegeben haben. Solange wir weiter damit kämpfen, uns selbst zu akzeptieren und zu respektieren, werden wir nicht wirklich in der Lage sein, jemand anderen so zu behandeln, weil wir mit leeren Händen und Herzen dastehen werden.

Wir lieben andere in der gleichen Art und Weise, wie wir uns selbst lieben.

Uns selbst heilen

Die Liebesbombe machte uns abhängig. Andererseits wären wir sonst niemals geblieben und hätten die Lektionen verpasst, die diese Liebe uns erteilen soll. Zu Beginn fungierte die Liebesbombe als großartige Ablenkung. Wir mussten über nichts Wichtiges nachdenken, und hin und wieder genossen wir es sogar, all unsere Unsicherheiten auf jemand anderen projizieren zu können, um uns selbst besser zu fühlen.

Doch irgendwann hatten wir genug von dieser Achterbahnfahrt zwischen Liebesbombe und Schmerz.

Das ist der Moment, in dem unsere karmische Liebe das Pflaster von unseren emotionalen Wunden reißt und uns aus dem Nichts triggert. Sie sitzt einfach da, zeigt auf uns und sagt: »Du weißt schon, dass du da blutest, oder?« Jetzt erkennen wir, dass die Person, die unser Ein und Alles war, sich keinerlei Mühe geben wird, unseren Schmerz zu lindern oder uns gar zu helfen. Natürlich nicht, denn das ist ganz allein unsere Aufgabe. Trotzdem werden wir wütend. Wir wollen, dass jemand anders die mühsame Arbeit übernimmt! Wir sind verwirrt, verbittert und verärgert darüber, dass diese Person, die das Pflaster abgerissen und uns die Illusion genommen hat, alles wäre in Ordnung, nichts tut, damit es uns besser geht.

Zu genau dieser Einsicht müssen wir gelangen; sie ist das Ziel dieser Art von Beziehung. Tatsächlich bluten meist beide Partner und streuen sich noch gegenseitig Salz in ihre Wunden. Sie hauen sich Sätze um die Ohren wie: »Oh, du bist unsicher, weil du schon vorher betrogen worden bist. Okay, dann like ich ab jetzt jedes Foto, das diese Braut auf Instagram postet.« Oder auch: »Dein Papa hat dich verlassen, als du klein warst. Okay, dann verlasse ich dich auch wieder und bestrafe dich außerdem mit Schweigen.«

Es ist herzzerreißend und führt oft so weit, dass viele von uns glauben, verrückt zu werden. Wir begreifen nicht, warum eine Verbindung, die uns anfangs wie vom Universum vorherbestimmt schien, uns jetzt heftiger blutend zurücklässt als je zuvor.

Das Traurige an dieser Beziehung ist, dass sie sich wiederholen kann. Immer und immer wieder. Zwar gehen wir in unserem Leben meist drei große, bedeutsame und bewegende Liebesbeziehungen ein. Doch sie stehen auch für drei Archetypen von Partnerschaften oder Partnern, denen wir innerhalb einer Lebensspanne begegnen, weil wir die notwendigen Lektionen nicht unbedingt auf Anhieb lernen.

Wir können zahlreiche karmische Partner haben, nicht weil da draußen keine große ewige Liebe auf uns wartet, sondern weil wir so lange ein Déjà-vu nach dem anderen erleben, bis wir das Verhalten ändern – nicht seins, unseres! –, egal wie oft wir behaupten mögen, dass wir für eine gesunde Beziehung bereit seien.

Es ist nicht ungewöhnlich, so viele karmische Beziehungen zu durchlaufen, wie es nötig ist, damit wir die für uns bestimmten harten Lektionen verinnerlichen. Eine Klientin namens Laurie traf sich nur mit emotional unzugänglichen Männern ohne festen Job, die noch bei ihren Müttern lebten. Der jeweilige Name wechselte, die Einzelheiten ebenfalls, aber das Muster wiederholte sich, und Laurie erkannte erst beim dritten Partner, dass sie in einer selbstzerstörerischen, aber durchaus bequemen Routine feststeckte: Es war immer die Schuld ihres Partners, sie selbst musste nie Verantwortung für ihr Verhalten übernehmen.

Als Laurie das Muster durchschaute, bemerkte sie auch, dass ihre Co-Abhängigkeit und ihre Angst vor Intimität eine bestimmte Sorte Mann anzogen. Sie sah, dass sie süchtig nach der Bestätigung war, die sie erhielt, indem sie ihre Partner finanziell unterstützte. Zugleich war sie vor jeglicher emotionalen Bindung gefeit, weil diese Männer ihr niemals die emotionale Tiefe hätten bieten können, nach der sie sich sehnte und vor der sie sich zugleich fürchtete.

Laurie zog genau das an, was sie auf emotionaler Ebene brauchte, um endlich in der Lage zu sein, sich dem zu stellen.

Wir müssen es fühlen, um es zu heilen

Solange unsere früheren Wunden nicht geheilt sind, werden wir unser Blut auf Partner vergießen, die diesen ursprünglichen Schmerz gar nicht verursacht haben. Sie haben uns nicht verlassen, als wir Kinder waren, uns nicht herabgesetzt oder abgewertet, als wir Teenager waren, uns nicht an uns selbst zweifeln lassen und nicht einmal gelogen. Dieses ganze Gepäck haben wir selbst mit in die Beziehung geschleppt. Es sind unsere Wunden, und weil wir sie noch nicht geheilt haben, haben wir das ganze Blut über unserem Seelenpartner verteilt (und er wahrscheinlich über uns). Wir haben Blut über unserem karmischen Partner verteilt (und vermutlich über mehr als einem), weil wir keine Verantwortung für unsere eigene Heilung übernommen haben.

Wir glauben, jede neue Verliebtheit habe zum Ziel, dass wir uns für immer wohlfühlen. Wer von uns würde sich schon auf etwas einlassen, wenn er bereits das Ablaufdatum wüsste?

Siehst du diesen süßen Typen, der gerade Poolbillard spielt, den Barkeeper dort drüben und den mit dem grünen Shirt, der ausgelassen mit seinen Freunden lacht? Was würden wir tun, wenn wir bereits im Voraus wüssten, dass einer von ihnen ein One-Night-Stand wäre, ein anderer sechs Monate bei uns bliebe und der Dritte vielleicht drei Jahre, an deren Ende eine aufgelöste Verlobung stünde? Für wen würdest du dich entscheiden?

Würde es einen Unterschied machen, wenn von Anfang an klar wäre, dass das Ziel dieser Liebe in deinem Leben darin bestünde abzulaufen, damit du vorwärtsgehen und die wirkliche Arbeit erledigen kannst: dich selbst zu heilen?

Unsere karmische Liebe ist nicht auf Dauer angelegt, egal wie oft wir sie erleben, egal wie lange wir mit unserem Partner zusammen sind oder ob wir sogar heiraten und Kinder kriegen. Es gibt hier noch zu viel Unerledigtes. Ihr einziges Ziel ist es, ein Spiegel zu sein, der uns schonungslos unsere eigenen Probleme aufzeigt. Diese Liebe kommt in unser Leben und verletzt uns so tief, dass wir aufhören, zu projizieren und anzuklagen. Stattdessen beginnen wir, Verantwortung für uns zu übernehmen, für unser Handeln und insbesondere für unsere Verletzungen. Damit wir heilen können und nicht mehr auf diejenigen bluten, die mit unserem ursprünglichen Schmerz gar nichts zu tun haben.

Diese Liebe bringt uns dazu, uns endlich unseren Gefühlen zu stellen, auch jenen womöglich seit unserer Kindheit tief vergrabenen. Ja, der Rückgriff auf die Kindheit wird manchmal als Klischee betrachtet, aber, wie eine gute Freundin von mir einmal sagte: »Klischees sind nicht ohne Grund wahr.« In der Kindheit lernen wir die Lebensregeln, egal ob das bedeutet, dass wir unserer Intuition vertrauen oder niemanden zu nah ans uns ranlassen, um nicht verletzt zu werden.

Was wir als Kinder aufnehmen, wird Teil unserer Blaupause als Erwachsene.

Als Kinder haben wir wunderbare Dinge gelernt und vermittelt bekommen. Das andere können wir als Gelegenheit zum Wachsen betrachten. In dieser Liebesphase gelangen wir allerdings zu der Erkenntnis, dass im Äußeren so lange nichts in Ordnung sein wird, bis wir unser Inneres in Ordnung bringen.

DIE LEKTION

Manche Liebe ist nicht auf Dauer angelegt

Die schlimmste Trennung ist die, von der wir wissen, dass sie unumgänglich ist, aber keinesfalls wollen, dass sie eintritt. Viele von uns kapitulieren irgendwann und gestehen sich endgültig ein, dass diese karmische Liebesbeziehung nicht mehr gesund ist, ja, es vielleicht niemals war. Uns wird endlich bewusst, dass die Beziehung unserer Seele nicht guttut, dass man uns nicht so respektiert, wie wir sind, und dass wir unsere eigene Wahrheit unterdrücken mussten, um überhaupt so lange bei dieser Person bleiben zu können. All das ändert jedoch nichts an der Tatsache, dass die Beziehung manchmal früher endet als die Liebe.

Eine dauerhafte Beziehung und dauerhafte Liebe sind zwei grundverschiedene Dinge.

Oft können wir erst an unserem absoluten Tiefpunkt zugeben, dass unsere Beziehung vorbei ist. Vielleicht finden wir heraus, dass man uns betrogen oder belogen hat. Oder wir erkennen, dass der andere uns nie sein wahres Gesicht gezeigt hat. Allerdings wird uns in dieser Situation lediglich klar, dass wir etwas tun müssen, und nicht, dass wir diese Person nicht mehr lieben.

Wer nicht gerade selbst in einer karmischen Beziehung steckt oder sich einer solchen bisher erfolgreich entzogen hat, wird das für eine simple Angelegenheit halten. »Serviere ihn einfach ab!«, »Blockiere seine Handynummer!« oder »Geh aus und suche dir einen anderen Freund!« sind nur ein paar der Ratschläge, mit denen wohlmeinende Freundinnen uns helfen wollen, nach vorn zu schauen. Leider ist es unmöglich, über unsere karmische Liebe einfach hinwegzukommen. Erst wenn wir wachsen und heilen, werden wir uns zu einer Trennung durchringen.

Nur weil wir merken, dass uns jemand nicht guttut, heißt das noch lange nicht, dass wir unsere Gefühle einen Tag später sicher in einem Päckchen verschnüren und dieses mit dem Vermerk »Zurück an den Absender« versehen.

Sobald wir die Lektion gelernt haben, brauchen wir den Lehrer nicht mehr

Die Erkenntnis, dass die Beziehung nicht gesund ist, ist nur der erste Schritt, um diese Liebe hinter sich zu lassen. Sie ist nur der erste Schritt, um die Lektionen zu verstehen und ähnliche Muster oder Zyklen zu durchbrechen. Und sie markiert den Beginn unserer Reise bis an den Punkt, an dem wir für unsere ewige Liebe wirklich bereit sind. Denk daran, dass die karmische Liebe immerhin die letzte Lektion ist, die wir verinnerlichen müssen, bevor wir die ewige Liebe finden, diese gesunde, wundervolle »Lass uns unter den Sternen einschlafen«-Art der Liebe.

Unsere karmische Liebe hinter uns zu lassen bedeutet, verletzlich und verantwortungsvoll zu sein, nicht nur einer anderen Person gegenüber, sondern auch uns selbst.

Wenn wir die Realität unserer karmischen Liebe zu erkennen beginnen, neigen wir als Erstes dazu, die Situation
oder unseren Partner wieder in Ordnung bringen zu wollen.
Während du das hier liest, sagst du dir vielleicht: »Ist doch
klar, dass wir eine Beziehung nicht einfach so in Ordnung
bringen können, und ganz bestimmt keine andere Person.«
Der wichtige Teil dieses Prozesses ist aber der Versuch, unsere Angst oder unseren Unwillen vorwärtszugehen, zu
überwinden. Manchmal reden wir uns sogar ein, dass es
einfacher sei, zu bleiben und herauszufinden, wie man alles
wieder zum Laufen bringt, als mit jemand anderem einen
Neustart zu wagen. Als wäre Unzufriedenheit etwas, woran
wir uns gewöhnen sollten.

Vielleicht geraten aber auch unsere »Lehrer« in Panik,
wenn es mit dieser Beziehung bergab geht. Sie haben, genau wie wir, ihre Identität darauf gegründet, in einer toxischen Beziehung zu sein oder missverstanden zu werden.
Vielleicht fürchten sie sich davor, die Kontrolle zu verlieren,
nicht mehr gebraucht zu werden oder einfach zu viel zu
verlieren, wenn sich die Beziehung langsam auflöst.

Auch wenn wir wissen, dass die Verbindung ungesunde
Züge trägt, wird die Angst vor einem drohenden Verlust
unseren Partner häufig noch besitzergreifender oder kont-
rollierender machen. Womöglich wird er eifersüchtiger und
streitlustiger, wenn er spürt, dass wir uns entfremden.

Brianna litt in dieser Phase ihrer Beziehung bereits seit einiger Zeit, weil ihr Partner Austin sie zunehmend einschüch-
terte. Er war von Beginn an kontrollsüchtig gewesen und
wies narzisstische Tendenzen auf, doch als Brianna und ich
anfingen, miteinander zu arbeiten, eskalierte es immer mehr.
Gemeinsam untersuchten wir sein Verhalten, Briannas
Rolle in der Beziehung und warum sie unterbewusst nach

einer solchen Erfahrung gesucht hatte. Als sie stärker wurde und sich vorsichtig nach einem anderen Wohnort umschaute, wurde Austin sehr paranoid und eifersüchtig, weil er einen anderen Mann dahinter vermutete. Anfangs versuchte Brianna noch, ihn zu besänftigen, obwohl sie nicht mehr bei ihm bleiben wollte.

Schließlich sagte ich ganz offen: »Deine Beziehung ist wie ein Flugzeug, das sich gerade im Absturz befindet! Setz zuerst dir selbst die Sauerstoffmaske auf und hilf dann den anderen – Austin eingeschlossen.« Obwohl es ihr schwerfiel, sah sie ein, dass es die einzige Möglichkeit war, diesen Zyklus zu beenden. Sie zog zurück zu ihrer Familie und brach den Kontakt zu Austin ab.

Es erscheint lächerlich, dass wir so extreme Erfahrungen brauchen, um zu lernen, dass wir nicht nur andere niemals in Ordnung bringen können, sondern unsere eigene Heilung voranstellen müssen. Trotz allem ist es das wert, wenn wir aus den Lektionen auch wirklich etwas lernen.

Wir können niemanden zwingen, sein bestes Selbst zu sein oder gar Verantwortung für die eigenen Taten zu übernehmen. Wir können niemandem beweisen, dass wir etwas Besseres verdient haben, und wir können niemals so liebevoll und nett sein, dass der andere aufhört, fremdzugehen oder sich auszutoben. Wir können nichts tun, damit er es »kapiert«, damit er uns so sieht wie wir selbst und uns das gibt, was einem liebenden Partner in einer Beziehung zusteht.

Um zu verstehen, was uns tatsächlich zusteht, müssen wir uns zuerst eingestehen, dass wir genau das im Moment nicht bekommen. In der Wirklichkeitsphase dieser Liebe erkennen wir allmählich, was in Wahrheit vor sich geht und was eine gesunde Beziehung ausmacht. Bewusst oder unbewusst fangen wir an, unsere eigenen Bedürfnisse geltend zu machen. Und wir beginnen damit, Selbstliebe zu praktizieren.

Eines der Hauptziele dieser Liebe ist nämlich nicht nur, unseren Fokus auf die Liebe als das A und O unseres Lebens zu legen, sondern auch, uns zur Selbstliebe herauszufordern.

Beides ist eng miteinander verbunden, denn erst wenn wir uns selbst wirklich lieben und auch so leben können, werden wir in der Lage sein, uns von unserer karmischen Liebe abzuwenden und sie hinter uns zu lassen.

Eine Auszeit von der Liebe

Es gab eine Zeit in meinem Leben, in der ich niemandem gutgetan hätte. Um ganz ehrlich zu sein: Ich war ein totales Wrack und eine drohende Katastrophe. Zum Glück war mir das auch bewusst. Mein Herz war zu oft gebrochen worden, und mir war klar, dass ich von den Männern in meinem Leben die Bestätigung erwartete, die ich mir selbst versagte.

Deshalb nahm ich mir eine Liebes-Auszeit.

Ich beschloss, Single zu sein, enthaltsam zu bleiben und an mir zu arbeiten. Mein Ziel war ein Jahr ohne Sex, und ich ahne, was ihr denkt: Ja, es war schwierig, aber es war die Sache wert. Ich lernte eine Menge über mich, darüber, wozu ich Männer benutzte, und warum ich ständig von ihnen erwartete, dass sie für mich Entscheidungen trafen, obwohl ich mein Leben im Grunde genauso gut selbst in die Hand hätte nehmen können.

In dieser Zeit erkannte ich, dass ich – obwohl ich problemlos dazu in der Lage gewesen wäre – nicht bereit dazu war.

Mich plagten noch immer so viele Selbstzweifel, und statt über mein eigenes Leben oder den weiteren Weg nachzudenken, fragte ich mich voller Sorge, wer mich überhaupt haben wollte oder ob ich für immer Single bleiben würde. Ja, das ist normal, aber ich hatte mein Normalsein satt und wollte mich endlich nicht mehr über meinen Beziehungsstatus definieren.

Deshalb beschloss ich, ein Jahr auf Partnersuche, Sex und Männer zu verzichten.

Dieses Jahr war meine Chance, mich selbst zu durchschauen und mich nicht mit OkCupid oder Tinder abzulenken oder ständig nach *Mr. Right* Ausschau zu halten, wenn ich mit meinen Freundinnen ausging. Stattdessen konnte ich mich zurücklehnen und mich einfach mal nur mit mir selbst beschäftigen. Es war ein tief gehender Prozess, und er war nicht immer angenehm. Oft umarmte ich mich selbst beim Einschlafen und versicherte mir, wertvoll zu sein und geliebt zu werden, da mir die Bestätigung von außen so sehr fehlte. Ich vermisste das angenehme Gefühl, von einem Mann berührt zu werden.

Was ich anfangs nicht merkte, war, dass ich in solchen Momenten tatsächlich zu mir sagte, dass ich *mich* liebte.

Es ging nicht nur darum, mir Zeit zu nehmen, um mich selbst besser zu durchschauen, sodass ich eine bessere Partnerschaft führen konnte. Ich tat es, um herauszufinden, wie ich tickte, und ehrlich gesagt auch, um mich in mich selbst zu verlieben.

Bei der Liebe gibt es kein Richtig oder Falsch. Es ist vorgesehen, dass wir in Beziehungen scheitern, dass wir fremde Herzen brechen und uns das eigene brechen lassen, dass wir ungesunde Beziehungen durchleben, damit wir uns dank der Lektionen über uns selbst weiterentwickeln und bessern.

Doch manchmal wird aus unserer karmischen Liebe der Vater unserer Kinder, und es ist nicht leicht, ihn hinter uns zu lassen.

Wir können unserem Karma nicht entkommen

Unsere karmischen Beziehungen machen süchtig. Einen erheblichen Anteil daran hat die Liebesbombe, und nicht minder der Sex.

Das heißt, dass wir unsere karmische Liebe nicht nur manchmal heiraten, sondern auch häufiger zu Affären neigen. Da wir unserer dritten Liebe meist erst im späteren Leben begegnen, sind wir oft schon in erster Ehe mit unserem Seelenpartner oder unserer karmischen Liebe und haben vielleicht gemeinsame Kinder.

Während die Erfahrung der Elternschaft mit unserem Seelenpartner wunderbar sein kann, gilt das für unsere karmische Liebe nicht.

Wenn Kinder involviert sind, tun wir uns in dieser Beziehung besonders schwer. Situationen dieser Art können äußerst kompliziert sein und uns das Gefühl vermitteln, von unserer karmischen Liebe einfach nicht loszukommen, selbst wenn die Trennung schon lange zurückliegt.

Wenn wir unser Augenmerk jedoch auf die Lektionen dieser schwierigen Situationen richten und herausfinden, was unsere Seele daraus lernen soll, können wir unsere Beziehung zum anderen Elternteil tatsächlich verbessern.

Kiara heiratete ihre karmische Liebe. Der Zyklus der Liebesbombe war einfach unwiderstehlich. Doch nach ungefähr fünf Jahren wusste sie, dass sie sich von ihm lösen musste. Allerdings waren sie nicht nur verheiratet, sondern hatten auch ein gemeinsames Kind. Ihr war klar, dass sie von diesem Mann niemals loskommen würde, auch wenn sie ihn verlassen würde.

Wir beide lernten uns ein paar Jahre nach ihrer Scheidung kennen. Kiara war aufgebracht, weil dieser Mann nach wie vor etwas in ihr auslöste. Deshalb unterhielten wir uns über ihre Trigger, darüber, wie er diese ausspielte, und über ihren Part, weil sie sein Verhalten zuließ und den Zyklus befeuerte.

Bei Kiara lief es darauf hinaus, dass sie Grenzen setzen musste.

Sie war immer die Nette und wollte nie die Gefühle anderer verletzen. Deshalb hatte sie sich trotz der Entscheidung, ihren Partner zu verlassen, weiterhin um ein freundschaftliches Verhältnis bemüht. Sie glaubte immer noch, dass sie die Dinge zum Besseren wenden konnte und er sein Verhalten ändern würde, wenn ihre Ehe vorbei war. Es war kaum überraschend, dass das nicht geschah!

Stattdessen arbeiteten Kiara und ich daran, Grenzen zu ihrem Ex zu ziehen, was an diesem Punkt hieß, dass sie sich nicht als seine Freundin verstehen durfte. Sie war in erster Linie Mutter und bestimmte, was ihr guttat und was nicht. Natürlich sperrte sich ihr Ex anfangs dagegen. Allmählich realisierte er aber, dass sein Einfluss auf Kiara schwand, und änderte schließlich notgedrungen ebenfalls sein Verhalten.

Das hatte zur Folge, dass dieser Zyklus mit ihrer karmischen Liebe, dem Vater ihres Kindes, nicht nur ein Ende fand, weil sie ihr Karma aufgelöst hatten, sondern dass sie beide auch eine Lektion gelernt hatten.

Der Blender

Eines der Probleme beim Identifizieren unserer karmischen Liebe ist, dass wir sie leicht mit unserer Zwillingsflamme verwechseln können: Beim Phänomen der sogenannten falschen Zwillingsflamme handelt es sich um denjenigen, von dem wir uns dringend wünschen, er wäre der Richtige. Der Mensch, für den wir so tiefe Liebe empfinden, dass wir uns nicht von ihm fernhalten können. Wir reden uns ein, er wäre der *Eine*, anstatt die Realität zu sehen: die Sucht nach der Liebesbombe.

Dies ist nur eine weitere Lektion, die wir lernen müssen, bevor wir unser Karma auflösen und endlich zu einer gesunden Liebesbeziehung finden.

Bei der sogenannten falschen Zwillingsflamme handelt es sich also um eine Verbindung, die sich so intensiv anfühlt wie das Original, schicksalhaft und unersetzbar. Zwischen echten Zwillingsflammen wird es niemals ungesundes Verhalten wie Co-Abhängigkeit und Narzissmus geben, auch wenn anfangs eine Spur der gleichen karmischen Leidenschaft vorhanden sein mag. Es wird nie so weit kommen, dass man zehn Jahre lang mit einem verheirateten Mann zusammen ist oder sich betrügen lässt, einfach weil die Zwillingsflammenverbindung *nur* möglich ist, nachdem das gesamte Restkarma aufgelöst wurde.

Ich weiß noch, wie mich meine karmische Liebe damals umhaute und ich anfangs dachte, er sei meine Zwillingsflamme. Ich erinnere mich, dass es sich wie ein Erdbeben anfühlte, als ich das erste Mal auf Zehenspitzen stand und seine Lippen meine berührten. Niemals zuvor hatte ich diese Chemie oder Anziehungskraft erlebt und deutete sie deshalb als tiefe spirituelle Verbindung zweier Seelen, statt die Realität der Situation zu erfassen und das Ganze als das zu sehen, was es war: dass wir im Leben des jeweils anderen gelandet waren, um etwas zu lernen und das Karma aufzulösen, das wir in den vorangegangenen Jahren angehäuft hatten.

Für mich bestand das hier involvierte Karma – die Lektion, die ich lernte –, darin, meinen persönlichen Wert zu erkennen und niemals jemand anderen mehr zu lieben als mich selbst. Ich zeigte durchaus co-abhängiges Verhalten und genoss das Gefühl, in meiner Liebesbeziehung gebraucht zu werden, oft zum Nachteil meines Partners. Obwohl ich wusste, was mir von einem Partner zustand, erfand ich ständig Ausreden, warum ich es nicht bekam: einerseits, weil ich fürchtete, das karmische Hochgefühl zu verlieren, das die Beziehung mir verlieh, andererseits, weil ich fürchtete, dass ich nie wieder so etwas empfinden würde.

Ich hatte noch nie jemanden verlassen müssen, solange ich ihn noch liebte; ich hatte noch nie vor der Entscheidung gestanden, entweder dem anderen Mitgefühl und Liebe zu schenken oder mir selbst – aber nicht beiden.

Dies ist ein weitverbreitetes Dilemma im karmischen Liebeszyklus, denn wir gewöhnen uns daran, die andere Person über uns zu stellen, nicht nur aufgrund der starken Verbundenheit, sondern auch, weil wir versuchen, den anderen auf unsere Kosten wiederherzustellen. Eine gesunde Beziehung sollte uns nie dazu bringen, uns selbst zu opfern. Sie sollte uns auch nie dazu bringen, unseren Wert aufs Spiel zu setzen oder das, was wir zu verdienen glauben, und ich spreche nicht von Juwelen oder Helikopterausflügen, sondern von Anstand, Respekt und Vertrauen. Vor allem aber sollte eine Beziehung uns nicht dazu bringen, die Selbstliebe zurückzustellen, um unseren Partner lieben zu können.

Ein weiterer Begriff, den ich kürzlich eingeführt habe, um Klientinnen diese karmische Liebe/falsche Zwillingsflamme zu beschreiben, ist die Katalysatorliebe. Denn ohne diese Person würden wir diesen neuen Weg niemals beschreiten. Wir wären nicht in der Lage, uns mit anderen Augen zu sehen, andere Aspekte des Lebens und des Bewusstseins zu erkunden, und wir wären nicht so weit, dass wir in einer gesunden Beziehung für uns selbst einstehen könnten.

Wir alle wollen unsere Zwillingsflamme finden, aber wir müssen lernen, dass wir zuvor eine Menge Karma aufzulösen haben, das womöglich von Erfahrungen aus mehreren Leben mit diesem speziellen Partner stammt, in denen wir einander wieder und wieder verletzt haben.

Sydney kam zu mir, damit ich ihr half, die Verbindung zwischen ihr und dem Mann zu lösen, den sie für ihre Zwillingsflamme hielt. Sie hatte mit zahllosen Intuitiven und Heilern gesprochen und wusste, dass sie bereits mehrere Leben mit diesem Mann verbracht hatte.

Bei unserem ersten Treffen erklärte ich ihr, dass es bei keiner Liebe darum geht, irgendwelche Verbindungen zu lösen. Die Verbindung verschwindet von selbst, sobald die Lektion gelernt wurde und sie nicht mehr notwendig ist.

Während wir miteinander arbeiteten, ging dieser Mann in ihrem Leben ein und aus, ohne ihr auch nur einmal anzubieten, ihre Bedürfnisse zu erfüllen oder ihr Vorrang zu geben. Sydney glaubte immer noch, dass er ihre Zwillingsflamme sei, obwohl er sie wie Dreck behandelte. Er schlief mit anderen Frauen, ignorierte sie einfach, war emotional unzugänglich und ließ es insgesamt an jeglicher Integrität oder Ehrlichkeit ihr gegenüber fehlen. Sydney harrte aus, weil sie ihn einfach nicht mit anderen Augen sehen konnte. Bis es schließlich nicht mehr anders ging. Sie machte

Schluss, obwohl es im Grunde nichts gab, womit sie Schluss machen konnte, außer mit ihrer Hoffnung, dass dieser Mann, der so schlecht für sie war, eines Tages in der Lage sein würde, sie ihren Bedürfnissen gemäß zu lieben.

Mit der Zeit wurde sie stärker, erfuhr Heilung und löste das Karma. Die Wunden, die sie über diverse Lebensspannen hinweg gemeinsam angehäuft hatten, konnten sich endlich schließen. Wegen dieses Mannes begab sich Sydney auf eine spirituelle Reise, nicht nur um zu wachsen und zu heilen, sondern um einen höheren Sinn in ihrem Leben zu finden. Mit dem Glauben daran, dass ihre große Liebe noch irgendwo da draußen war, wuchs ihr Vertrauen, dass sie mit einem neuen Mann wieder genauso glücklich werden könnte.

Allerdings änderte sie damit auch die Schwingung, die sie ins Universum aussandte.

Schließlich zog Sydney die Energie eines Mannes an, der die meisten, wenn nicht sogar all ihre Kernbedürfnisse befriedigte. So hatte sie nicht nur ihre karmische Energie aus vorangegangenen Leben geheilt, sondern auch jene Kindheitsverletzungen, die sich noch immer auf ihre emotionale Verfügbarkeit und Verletzlichkeit auswirkten.

Obwohl unsere Katalysatorliebe also nicht auf Dauer angelegt ist, wird ihre Wirkung auf uns und unsere Liebe von Dauer sein.

Diese Liebe erlaubt uns, endlich unsere überholten Drehbücher zuzuklappen. Sie befreit uns von dem Glauben, dass wir uns mit weniger zufriedengeben müssen, als uns zusteht. Es geht darum, zu erkennen, dass die Liebe nicht in der erwarteten Weise zu uns kommt und dass es im Leben, ganz vielleicht, sowieso um mehr geht, als in einer Beziehung zu sein.

Niemand kann besser Bewegung in unser Leben bringen als unser wunderbarer Katalysatorliebhaber. Für die Erfahrung können wir ihm, auch wenn er ein Zwillingsflammenblender sein sollte, auf ewig dankbar sein.

Den Zyklus ein für alle mal beenden

Unsere karmische Liebe kommt einzig und allein deshalb in unser Leben, um uns wertvolle Lektionen zu erteilen.

Nicht, um für immer zu bleiben, und auch nicht als Antwort auf unsere Gebete oder als Traumprinz. Die karmische Liebe kommt, um langsam und überlegt den Stoff unseres Lebens auseinanderzunehmen, sodass uns nichts anderes übrig bleibt, als uns zu ändern, zu wachsen und letztlich für unsere ewige Liebe empfänglicher zu werden.

Als erste Lektion in dieser Phase gilt es, zu akzeptieren, dass nicht jede Liebe für die Ewigkeit bestimmt ist. Wir müssen den Gedanken aufgeben, wir hätten es in der Hand, dass diese Beziehung wie durch Magie all unsere Wünsche erfüllt, wenn wir lediglich mehr miteinander sprechen, mehr Sex haben und mehr geben würden. Auch müssen wir mit unserem Ego Frieden schließen. Wir müssen uns eingestehen, dass wir niemanden dazu bringen können, uns das, was wir schenken, wieder zurückzugeben, egal wie umwerfend, liebevoll oder zugewandt wir sind.

Wir können niemanden dazu bringen, sich mehr Mühe zu geben, und keine Beziehung dauerhaft werden lassen, deren einziges Ziel es war, zu Ende zu gehen, damit wir vorwärtskommen.

Die zweite und vielleicht schwierigere Lektion besteht darin, sich mit der Angst vor dem unwiderruflichen Ende dieser Liebe zu konfrontieren. Liebe ist beschwerlich. Das bestreitet niemand. Viele von uns müssen die Möglichkeit, dass sie zu Ende gehen kann, ausblenden, um es überhaupt noch einmal zu versuchen. Die Angst, am Ende allein dazustehen, ist ganz natürlich, egal ob es ums Alleinsein per se geht oder um die Vorstellung, was es für unser Selbstwertgefühl bedeuten würde, wenn niemand uns für sich beansprucht.

Wir müssen uns mit uns selbst so wohlfühlen, dass wir nicht darauf aus sind, uns nur aus Gründen der Einsamkeit oder Angst an jemanden zu binden.

Diese dritte Phase der karmischen Liebe heißt aus gutem Grund »die Lektion«: In diesem Stadium lernen wir wirklich etwas. Wir lernen, die Dinge so zu sehen, wie sie sind, und nicht, wie wir sie gern hätten. Wir lernen, ungesundes Verhalten wahrzunehmen. Und wir lernen schrittweise, uns selbst an erste Stelle zu setzen. Von klein auf ermahnt man vor allem uns Frauen, niemals selbstsüchtig und speziell in Liebesdingen stets selbstlos zu sein, indem wir die Bedürfnisse des anderen vor die eigenen stellen.

Das führt jedoch nur zu geistiger und emotionaler Erschöpfung, nicht aber zu Selbstverwirklichung.

Bevor wir diese wichtigen Lektionen fürs Leben lernen, glauben wir offenbar, es sei besser, mit jemandem zusammen zu sein als allein, sogar wenn dieser Jemand uns nicht gerade gut behandelt. Das liegt zum Teil in der kulturellen Norm begründet, der zufolge man noch immer von uns erwartet, irgendwann einen Partner zu finden, zu heiraten und uns fortzupflanzen. Auch sozial gesehen, sind wir eine sehr paarlastige Gesellschaft. Sogar beim Reisen gibt es Ermäßigungen fürs Doppelpack. Single zu sein wird eher als Problem betrachtet denn als bewusste Entscheidung. Dieses Stereotyp und diese Geisteshaltung verschieben sich seit Kurzem ein wenig. Es handelt sich aber immer noch um etwas, was wir als Ganzes erfahren müssen, um unsere allgemeinen Erwartungen und Beziehungsmuster wirklich zu verändern.

Die drei Liebesbeziehungen zu durchleben bedeutet nicht nur, (mindestens) zwei Partner zu haben, bevor wir bei demjenigen landen, mit dem wir endlich die große weiße Hochzeit feiern und ewig glücklich sind. Es bedeutet, unser gesellschaftliches Bewusstsein zu verschieben. Wenn sehr viele Menschen die Lektionen ihrer Seelenpartner- und ihrer karmischen Liebe bewusster durchlaufen, gibt es darunter auch welche, die aufwachen, sich selbst heilen und wiederum ihr Umfeld verändern.

In dieser Phase geht es darum, ein besserer Mensch zu werden und zuzulassen, dass die Liebe, die wir erleben, uns stärkt, unabhängig davon, ob sie dauerhaft ist oder nicht.

Akzeptanz bedeutet Freiheit

Sobald wir akzeptieren, dass etwas anders ist als von uns erhofft und gewünscht, befreien wir uns von dem Gedanken, es könnte in irgendeiner Weise anders sein, als es ist.

Für die letzte große Lektion muss es uns deshalb gelingen, den Wert einer Beziehung, den Wert der Liebe an sich zu erkennen, auch wenn wir am Ende betrogen werden.

Auch wenn unsere karmische Liebe scheitert (was sehr wahrscheinlich ist), müssen wir den Punkt erreichen, an dem wir nicht aus Vergeltung oder Wut handeln, sondern sogar in der Lage sind zurückzutreten, Verantwortung für unsere Taten und unseren Anteil an den ungesunden

Aspekten der Beziehung zu übernehmen und unserem Ex ebenso zu vergeben wie uns selbst. Wenn du all das praktiziert hast, hast du nicht nur die wichtigste Lektion gelernt, sondern auch jedes verbliebene Karma aufgelöst und kannst weiterziehen – bereit für deine ewige Liebe.

Wir wissen, dass wir erfolgreich weitergezogen sind, wenn wir uns die Lektionen ohne Bitterkeit oder ein verschlossenes Herz bewahren können. Damit ist nicht gemeint, dass wir unser Fehlverhalten oder das unserer Partner erklären oder entschuldigen, auch wenn es für den Rest der Welt so scheinen mag. Der Unterschied ist, dass dann nicht nur der Zyklus beendet, sondern – weil wir das Karma angenommen und geheilt haben – auch die intensive Anziehungskraft unterbrochen, die Seelenverbindung abgeschnitten ist. Seelenverbindung ist eine andere Beschreibung dieser Verbundenheit, denn wir sind buchstäblich über mehrere Leben hinweg aneinander gebunden – nicht, weil wir füreinander bestimmt sind, sondern weil wir den Schlüssel zum höheren Selbst des jeweils anderen besitzen.

Bei den meisten karmischen Liebesbeziehungen können wir erkennen, ob wirklich Karma aufgelöst wurde, wenn wir den anderen nach wie vor attraktiv finden oder uns gern mit ihm unterhalten, dabei aber nicht mehr denken: »Wie kann ich nur seine Aufmerksamkeit erregen, ich würde uns am liebsten die Kleider vom Leib reißen.« Diese Akzeptanz ist ein Zeichen von Wachstum und Heilung.

Um die Lektionen dieser Beziehung wirklich annehmen zu können und uns einer zukünftigen Liebe nicht zu verschließen, müssen wir mit unserem Ex-Partner Frieden schließen. Das ist erst möglich, wenn die Beziehung offiziell beendet ist und beide Seiten genug Zeit zum Durchatmen und Nachdenken hatten.

Leider heißt das auch, dass die Trennung bei dieser Verbindung langwieriger ist als beim Seelenpartner. Wir werden einige Zeit in dieser Grauzone von »Sind wir zusammen oder nicht?« verharren, wir werden weiter intim miteinander sein und uns morgens öfter mal fragen, ob wir unseren Partner lieben oder hassen.

Alyssa wollte so sehr, dass ihre karmische Liebe ihre Zwillingsflamme war. Sie wünschte sich, dass diese Liebe dauerhaft sein würde, weniger weil sie gesund, sondern weil Caleb ihr so vertraut war. Abgesehen davon, hatte sie sich nicht nur in ihn verliebt, sondern auch in ihr gemeinsames Drehbuch.

Es spielte keine Rolle, dass ihr Partner offen und ehrlich sagte, dass sie keine Zwillingsflammen waren. Sie glaubte dennoch daran und dachte, Caleb würde seine Meinung noch ändern und die Wahrheit erkennen.

Alyssa fürchtete sich vor dem, was passieren würde, wenn sie sich eingestand, dass er nicht ihre Zwillingsflamme war. Ihrer Meinung nach würde es bedeuten, dass das widersprüchliche Verhalten und die wiederholte Untreue keinem Zweck unterlagen, sie also einfach nur in eine weitere miese Beziehung geraten war, die sie verklärt hatte, weil sie unbedingt wollte, dass sie funktionierte.

Sie kam zu mir, als sie nicht mehr weiterwusste und sich das eingestand.

Wie so viele von uns hatte Alyssa letztlich Angst weiterzugehen. Sie wusste nicht, was dann auf sie zukäme, weshalb es einfacher war, sämtliche Gründe zu ignorieren, warum Caleb nicht ihre Zwillingsflamme und die Beziehung ungesund war. Währenddessen musste sie ihre Bedürfnisse zurückstellen, sich selbst belügen und ein Verhalten an den Tag legen, das ihr gar nicht entsprach.

Irgendwann fand sie die Kraft, sich zu trennen. Zwar vermisste sie Caleb und sehnte sich weiter nach ihm, letztlich aber fühlte sie sich befreit. Es war ein Gefühl, als hätte sie gerade die größte Prüfung ihres Lebens bestanden.

Wenn wir uns weniger davor fürchten weiterzugehen und mehr Wert auf unseren Seelenfrieden legen, kommen wir irgendwann an den Punkt, an dem uns all das nichts mehr bedeutet. Denn statt uns etwas zu geben, scheint die Beziehung nur von uns zu nehmen. Wir merken, dass wir alles vergessen müssten, woran wir glauben, wenn wir weiterhin mit unserer karmischen Liebe zusammen wären: unseren Wert, was uns zusteht, unsere Intuition und unsere Selbstliebe.

Kurz gesagt, wird es auf eine Entscheidung zwischen unserer karmischen Beziehung und uns selbst hinauslaufen, zwischen unserem inneren Frieden und der Liebe zu uns selbst.

Um jedoch so weit zu kommen, dass wir stark genug sind, uns für uns selbst zu entscheiden, müssen auch unsere Wunden geschlossen sein beziehungsweise erst noch ausheilen; jene Bereiche unserer Seele, die wir auf andere bluten ließen, weil wir uns nicht gründlich mit ihnen beschäftigen wollten. Aus ebendiesem Grund ist Liebe so fantastisch: Sie nimmt den schwierigsten Weg von allen, aber sie erlaubt uns auch, unsere alten Wunden zu heilen, unsere familiäre Konditionierung und unser Karma – allerdings nur, wenn wir uns für uns selbst entscheiden.

Uns vor allen anderen für uns selbst entscheiden

Wenn wir uns nicht für uns selbst entscheiden, wird es auch niemand anderes tun.

Wir heilen, wachsen und nähern uns nicht nur unserem wahren Selbst an, sondern heilen zugleich auch all das in uns, was uns vor Verletzlichkeit und echter Intimität bewahrt hat. Unsere Zwillingsflamme wird sich uns erst offenbaren, wenn wir geheilt und damit bereit für sie sind, weil wir auf einer ähnlichen energetischen Frequenz schwingen. Um dorthin zu gelangen, müssen wir das Beste aus der Lektionsphase unserer karmischen Liebe machen. Andernfalls besteht die Gefahr, dass wir unter dem Vorwand, geheilt zu sein, wieder an jemand Ähnlichen geraten.

Sobald wir zugegeben haben, dass wir uns in einer karmischen Liebesbeziehung befinden – oder es aufgrund der Wirklichkeitsphase zumindest stark vermuten –, ist der nächste Schritt, das Ganze zu beenden. Das bedeutet aber nicht, dass wir auch aufhören müssen, den anderen zu lieben. Wir können den Schlussstrich ziehen, weil es nicht mehr gesund ist und es zugegebenermaßen wahrscheinlich nie war. Wir können unserem Partner sagen, dass wir ihn lieben, auch wenn wir uns von ihm trennen. Wir können uns eine heilsame und positive Einstellung ihm gegenüber bewahren, was aber nicht heißt, dass alles so bleiben muss, wie es war, oder wir den Status quo akzeptieren.

Auch wenn diese Liebe ganz sicher mit einem großen Knall enden wird, müssen wir nicht im Schlechten auseinandergehen. Das hängt allerdings ganz und gar davon ab, wie gut wir in der Lage sind, unsere eigene Arbeit zu erledigen. Damit ist gemeint, dass wir uns grundsätzlich auch um unseren eigenen Mist kümmern müssen: Unsere eigene Arbeit erledigen heißt herauszufinden, warum wir immer wieder an ältere Männer geraten oder warum wir nach dem Sex nicht gern beim anderen übernachten. All das also, was uns daran hindert, eine offene, gesunde, gut funktionierende Beziehung zu führen.

Unsere eigene Arbeit erledigen heißt, dass wir keine Ausreden erfinden und uns nicht an den gleichen Mustern oder Zyklen beteiligen. Es heißt, dass wir weder einen anderen noch unsere Eltern für alles beschuldigen. Es dürfte schwierig sein, jemanden zu finden, der nicht glaubt, in seiner Kindheit ein Problem oder ein Trauma erlebt zu haben. Trotzdem darf das noch lange nicht als Ausrede für unser aktuelles Verhalten als Erwachsene herhalten. Einigen von uns ist in ihrer Kindheit oder Jugend tatsächlich Schreckliches widerfahren – Missbrauch, der Tod eines Elternteils –, aber wir alle haben die Fähigkeit, zu heilen. Es geht nicht darum, zu sagen »Ich habe mehr gelitten als du« oder »Mein Leben ist härter als deins, deshalb habe ich auch das Recht, mich so zu verhalten« oder »Ich habe das Recht, so zu handeln, denn schau mal, wie groß und schlimm meine Verletzung ist«.

Unsere Arbeit zu erledigen und dadurch zu heilen bedeutet auch, dass wir alle irgendwie beschädigt sind, dass wir alle verletzt wurden und einen Vertrauensbruch erlebt haben. Wachstum geschieht genau dann, wenn wir sagen: »Genug!«

Und uns für uns selbst zu entscheiden heißt, unserer eigenen Heilung Vorrang zu geben.

Es beginnt, sobald wir sagen, nur weil es immer so war, muss es nicht so weitergehen. Es beginnt, wenn wir sagen können, es war nicht richtig, wie uns diejenigen behandelt haben, die behauptet haben, uns zu lieben; aber deshalb lassen wir uns noch lange nicht davon abhalten vorwärtszugehen.

Wir verdienen Heilung, wir verdienen Vergebung, und wir verdienen es, zweifelsfrei zu wissen, dass wir der höchsten Form der Liebe würdig sind, unabhängig davon, was wir anderen – oder andere uns – in der Vergangenheit angetan haben. Bei diesem Prozess lernen wir, dass wir, indem wir ihnen vergeben, auch uns selbst vergeben.

Wir können uns selbst vergeben, dass wir diese Erfahrung machen mussten, dass wir uns daran beteiligt haben, unser Herz zu brechen, und dass wir uns mit weniger zufriedengegeben haben, als wir verdient haben.

Wenn wir im Hier und Jetzt wahrnehmen können, was vor sich geht – ohne uns dabei als Opfer zu fühlen –, können wir das Ende unserer karmischen Liebe mit anderen Augen sehen. Wir können Co-Abhängigkeit als Angst, verlassen zu werden, betrachten. Wir können Betrug als Prüfung betrachten, ob wir für unsere Bedürfnisse eintreten. Lügen werden zu einer Lektion, damit wir unsere eigene Wahrheit zur Sprache bringen, und Untreue ist der ultimative Test, ob wir vergeben können. Unsere Arbeit zu erledigen heißt, das Persönliche aus dieser Beziehung auszuklammern. Es heißt, zu verstehen, dass all das nicht uns zugefügt wurde. Und indem wir es nicht persönlich nehmen, können wir ausschließlich das betrachten, was wir von der Erfahrung lernen können.

Auch der schlimmste Treuebruch kann die wunderbarsten Lektionen bereithalten. Hannah glaubte, dieser Mann sei eventuell ihre Zwillingsflamme. Ihre Verbundenheit war außerirdisch, der Sex unglaublich, und was auch immer passierte, sie konnte sich einfach nicht von ihm abnabeln. Es spielte keine Rolle, dass sie beide bereits in einer Beziehung waren, als sie sich kennenlernten, oder dass er sich weiter mit der Mutter seines Kindes traf, als sie vermeintlich zusammen waren.

Hannah fand stets eine Erklärung und einen Grund für sein Verhalten und hoffte immer, ihre Liebe sei stark genug, um irgendwann zu dem zu werden, was sie sich vom ersten Tag an ausgemalt hatte.

Das war ihr erster Fehler: zu denken, sie müsse nur eine Weile abwarten, wie bei einer Gefängnisstrafe, um die Beziehung zu bekommen, die sie verdient zu haben glaubte. Aber das ist die Reise, die wir unternehmen, wenn wir uns auf die Liebe einlassen, und daher musste sie genau diese Erfahrung machen. Am Ende ihrer Beziehung jedoch – nachdem sie ihm die Kontrolle über ihre Finanzen überlassen hatte, nachdem sie zusammen verreist waren, über ihre Liebe gesprochen und Zukunftspläne geschmiedet hatten, und nachdem sie ihn über ein Jahr lang finanziell unterstützt hatte –, machte er sich auf und davon, quer durchs Land, um mit einer anderen Frau das Glück zu suchen.

Es wäre untertrieben, zu sagen, dass es ihr das Herz brach.

Für Hannah war es nicht bloß eine Beziehung gewesen, sondern ihr Leben. Und dieser Mann, den sie für ihre ewige Liebe gehalten hatte, ließ sie mit einem Herz in Trümmern zurück und brachte sie dazu, an der Liebe zu verzweifeln. Als ich sie das erste Mal traf, war sie immer noch wütend auf ihn, was sicherlich jeder von uns gewesen wäre. Doch Hannah war nicht nur einfach wütend, sondern in einer ähnlichen Verfassung wie Angela Bassett, als sie in »Warten auf Mr. Right« von 1995 das Auto ihres Ex im Film anzündet, also wütend auf einem gänzlich anderen Niveau.

Hannah hatte auch keine Scheu, ihre Arbeit zu erledigen oder sich ihren Anteil an der Sache einzugestehen.

Sie gab zu, dass sie sämtliche Warnzeichen ignoriert, ihm aus Angst vor der Wahrheit extra keine Fragen gestellt und im tiefsten Inneren von seinem Verhältnis mit einer anderen gewusst hatte.

Sie begann, nicht nur die Trennung, sondern die ganze Beziehung aufzuarbeiten. Sie räumte ein, dass sie als Empathin durchaus über ein paar co-abhängige Eigenschaften verfügte und dass ihr Ex sich teilweise narzisstisch verhalten hatte, auch wenn sie hoffte, dass er es nicht zu hundert Prozent war.

Sie gab zu, dass sie die Rolle der Nebenfrau akzeptiert hatte, weil sie unsicher gewesen war, ob sie für eine richtige Beziehung überhaupt genug zu bieten hatte. Und letztlich schloss sie, dass sie an dem Geschehenen nicht unbeteiligt war, auch wenn sein Verhalten inakzeptabel blieb. Am Ende brach sie die Verbindung im Sinne des eigenen Seelenfriedens und der Selbstliebe ab, aber die Liebe zu diesem Mann ließ nie nach.

Hannah fand Halt in der Erkenntnis, dass sie etwas Besseres verdiente als das, was er ihr bieten konnte, und dass sie ungemein dankbar war für all diese Erfahrungen. Daher vergab sie ihm, sagte ihm, dass sie ihn liebe, und machte sich auf ihren Weg der Heilung.

Vielleicht sind wir nicht alle in der Lage, so direkt zu vergeben und weiterzugehen, zumindest aber können wir uns in diese Richtung bewegen. Manchmal hören wir den Satz: »Die haben es nicht verdient, dass man ihnen vergibt.« Damit meinen wir in Wirklichkeit, dass wir uns für uns selbst und unsere Heilung keine Vergebung zugestehen. Vergebung verlagert unser Handeln weg von der anderen Person. Wir müssen nicht entscheiden, ob der andere unsere Vergebung verdient hat oder nicht, sondern lassen sie uns selbst zukommen, um uns vom Schmerz zu befreien und vorwärtszugehen.

Keine andere Beziehung stellt unsere Fähigkeit, zu vergeben, so sehr auf die Probe wie die zu unserem karmischen Partner. Das liegt daran, dass er unser weidwundes Herz festhält und uns verspricht, uns besser zu lieben. Er verspricht, all das zu tun, was ihm mit seinem Seelenpartner nicht gelang, und gemeinsam mit uns zu wachsen. Das ist er auch, nur nicht so, wie wir es uns erhofft hatten.

Wir können jemanden für immer lieben, obwohl wir wissen, dass wir nicht für eine gemeinsame Beziehung bestimmt sind, denn es gibt nur eine Beziehung, die für die Ewigkeit bestimmt ist. Es gibt nur eine Liebe – und eine Beziehung –, die auf Dauer angelegt ist. Alles andere ist nichts weiter als eine wunderbare Lektion, ein Kompass, der uns die Richtung unserer ewigen Liebe weist.

DIE DRITTE LIEBE:
UNSERE ZWILLINGSFLAMME

*Der, bei dem es sich einfach
richtig anfühlt*

DER TRAUM

Liebe ist immer die Mühe wert

Ein gebrochenes Herz kann sich nicht vorstellen, jemals wieder zu lieben. Doch ohne dass wir sie bemerken oder einladen, findet die Liebe immer einen Schleichweg zu uns. Hin und wieder bezweifeln wir, dass es sich überhaupt um Liebe handelt, weil es sich so anders anfühlt und uns in mancher Hinsicht dazu bringt, infrage zu stellen, ob wir überhaupt jemals geliebt haben. Manchmal fällt es uns schwer, unsere dritte Liebe zu akzeptieren, einfach aufgrund unserer bisherigen schmerzlichen und schwierigen Erfahrungen in Sachen Liebe.

Niemand macht sich auf die Suche nach seiner Zwillingsflamme. Es gibt keine Dating-App, dank der wir wie durch Zauber die Person finden, mit der wir dasselbe Feuer teilen; die Person, die an sich zwar nicht perfekt ist, aber doch irgendwie perfekt für uns.

Anfangs neigen wir dazu, nicht so recht an diese Beziehung zu glauben oder uns nicht vollständig auf sie einzulassen, weil wir den anderen Menschen in dieser ersten Phase der Zwillingsflammenliebe tatsächlich für perfekt halten.

Die Liebe hat uns bislang nur gezeigt, dass wir Opfer bringen und uns abmühen müssen, auch wenn wir tief im Herzen wissen, dass sie uns nicht wirklich glücklich macht. Obwohl der Begriff der Zwillingsflamme zunehmend bekannter und akzeptierter wird, haftet ihr noch etwas Märchenhaftes an. Wir denken, na klar, das klingt wunderbar, aber es ist bloß eine romantische Vorstellung, nichts, was mir im wirklichen Leben begegnet.

In Wahrheit ist diese Liebesgeschichte ein solcher Wirbelsturm, dass wir, um sie zu begreifen, all unsere bisherigen Vorstellungen von Liebe aufgeben müssen. Ist diese Liebe atemberaubend? Ja. Ist sie immer einfach? Nein. Aber es geht nicht darum, eine einfache Beziehung zu haben.

Zwillingsflammen sind eng miteinander verbundene spirituelle Beziehungen, die Art von Liebe, die wir oft meinen, wenn wir davon sprechen, unsere andere Hälfte oder den *Einen* getroffen zu haben. Man geht davon aus, dass wir alle bei der Erschaffung des Universums eine Zwillingsflamme hatten, mit der uns eine einzigartige starke Energie verband.

Im Laufe mehrerer Lebensspannen wurden wir in unterschiedlichen Körpern und Rollen wiedergeboren – mal als Mann, mal als Frau, als Mutter oder Kind, als Geschwister oder auch Freunde –, um verschiedene Lektionen zu lernen und so durch die diversen Bewusstseinsebenen aufzusteigen, bis wir schließlich wieder vereint sind.

Es ist nicht immer leicht, die Bedeutung der Zwillingsflammenbeziehung zu erfassen, vor allem wenn wir darauf konditioniert wurden, zu denken, Beziehungen seien im Grunde ein Selbstzweck, der darin bestehe, zu heiraten und mit jemandem alt zu werden. Obwohl Zwillingsflammen diese Dinge tun können, unterscheidet sich diese Art von Beziehung von allen anderen dadurch, dass ihr Ziel über das Wohlbefinden der beiden Parteien hinausgeht: Sie wirkt sich auf die Welt im Ganzen aus.

Die Mission bedingungsloser Liebe

Abgesehen vom übergeordneten Ziel dieser Art von Liebe, ist die Bedingungslosigkeit ihr wichtigster Aspekt. Das unterscheidet diese Verbindung von der vorherigen: Während die karmische Liebe dafür verantwortlich ist, unser Karma aus vergangenen Leben aufzulösen, besteht die Mission unserer Zwillingsflamme darin, uns die Bedeutung und Umsetzung bedingungsloser Liebe zu lehren.

Sie wird auch *Agape* genannt und ist die höchste Form der Liebe, die wir auf Erden erfahren können. Sie besteht darin, unseren Partner ohne die geringsten Erwartungen oder Voraussetzungen zu lieben – mit anderen Worten: bedingungslos.

Das Ziel dieser Beziehung ist nicht nur, aneinandergeschmiegt gemütliche Nächte im Bett zu verbringen, sondern uns zu dem Menschen zu entwickeln, der wir von Geburt an sein sollen. Es ist die Beziehung, die uns zu uns selbst zurückführt. Und obwohl uns ihre Methoden manchmal herausfordern mögen, ist sie zugleich äußerst wertvoll, denn niemand außer unserer Zwillingsflamme kann dies für uns leisten. Es ist die Reise, auf der wir nicht allein unserem Partner bedingungslose Liebe schenken, sondern auch uns selbst und allen Menschen um uns herum. Wir spüren die Emotion Liebe nicht nur durch und durch, sondern werden selbst zu ihrer Schwingung.

Bedingungslose Liebe transzendiert die Realität, sie überwindet die Zeit und ermöglicht das Unmögliche. Statt »Ich liebe dich nur, wenn du mich auch liebst« sagt sie: »Ich liebe dich, einfach weil du du bist.« Es geht darum, zu lernen, jemanden zu lieben und voll und ganz akzeptieren zu können, ohne dass er etwas sein oder tun muss, was ihm gar nicht entspricht.

Deshalb fühlt sich diese Liebe am Anfang auch so leicht an, so wunderbar und so frei: Wir müssen nichts leisten, um uns diese Liebe zu verdienen, wir brauchen keine Liebesbombe, müssen den anderen nicht beeindrucken oder gar etwas von uns opfern. Es gilt, einfach nur zu sein.

Bevor wir unserer Zwillingsflamme begegnen, haben sich viele von uns bereits im Alleinsein eingerichtet. Wir sind glücklich mit uns selbst, und womöglich interessiert es uns gar nicht, ob wir irgendwann wieder in einer Beziehung sein werden. Wenn wir also erstmals auf diesen Menschen treffen, haben wir weder Erwartungen noch Meilensteine, die wir erreichen wollen, wie heiraten oder Kinder kriegen. Wir genießen ganz schlicht die Gegenwart dieser Person, wohin auch immer uns diese Erfahrung führen wird.

Es fühlt sich so einfach an, weil von Beginn an bedingungslose Liebe da ist, auch wenn die Beziehung irgendwann Arbeit erfordert.

Viele von uns behaupten zwar, sie würden jemanden bedingungslos lieben, aber die Praxis sieht deutlich komplizierter aus. Aus diesem Grund durchlaufen wir zahlreiche Lektionen und Phasen, bis wir an den Punkt kommen, an dem wir die Liebe nicht nur verstehen, sondern sie auch verkörpern.

An dem wir Liebe nicht nur *empfinden,* sondern *Liebe* sind.

Einfach sein lassen

Ein wesentlicher Faktor in der Zwillingsflammendynamik ist, dass wir nicht versuchen, etwas daraus zu machen, was es nicht ist.

Wir lassen zu, dass diese Beziehung sich uns offenbart und währenddessen auf organische Weise Gestalt annimmt.

Wir alle haben schon mal vom *Pheromon* gehört: dem individuelle Duftstoff eines Menschen, den wir unterbewusst aufnehmen und von dem wir uns entweder angezogen oder abgestoßen fühlen. Schwingungen funktionieren ähnlich, und genau wie Radiosender schwingen wir alle in unterschiedlichen Frequenzen. Die Besonderheit bei Zwillingsflammen liegt darin, dass beide mit der gleichen Frequenz schwingen, also auf dem gleichen Energieniveau.

Wahrscheinlich handelt es sich dabei um etwas an der Person, was wir anfangs nicht beschreiben können. Es wird sich anfühlen, als würden wir einander erkennen, als gäbe es eine Ebene von Geborgenheit, die alle vorherigen Beziehungen übertrifft. Zwillingsflammen haben naturgemäß schon vor ihrer Begegnung ein höheres Schwingungsniveau, das zu dieser magischen Anziehungskraft führt, die wir verspüren, auch wenn es noch so unlogisch erscheinen mag.

Und nicht nur wir haben diese einzigartige gemeinsame Schwingung, sondern auch unsere Gefühle, die wir durchleben. Wenn wir wütend, eifersüchtig, traurig sind oder mit einem schwachen Selbstbewusstsein ringen, schwingen wir niedrigfrequenter, unabhängig von unserem normalen Niveau. Das Gleiche gilt für Gefühle wie Heiterkeit, Zufriedenheit, Akzeptanz, ein gesundes Selbstbild und natürlich: Liebe. Diese Gefühle schwingen am höchsten. Wenn wir diesen Prozess durchlaufen und die uns von unserem karmischen Partner zugefügten Wunden ausheilen lassen, wird sich daher unsere Schwingung anheben.

Sobald wir beginnen, Achtsamkeit zu praktizieren – also im jeweiligen Augenblick verweilen und unsere Gedanken beobachten –, werden wir in zunehmendem Maße die Frequenz der Liebe verkörpern, das eigentliche Ziel dieser Verbindung.

Ein interessanter Aspekt ist dabei, dass uns diese Verbindung in vielerlei Hinsicht herausfordern wird, damit wir wachsen können, und zwar meist auf vollkommen unerwartete Weise. So wird unsere Zwillingsflamme wahrscheinlich jemand sein, der uns niemals als Partner in den Sinn kam, vielleicht sogar jemand, den wir zunächst als völlig unpassend eingestuft hätten.

Es ist nicht ungewöhnlich, dass unsere Zwillingsflamme einen anderen ethnischen, kulturellen oder sozioökonomischen Hintergrund hat, auch ein deutlicher Altersunterschied ist denkbar. Zwillingsflammen können als gleiches Geschlecht wiedergeboren werden, auch wenn einer die männliche und eine die weibliche Seele ist. Das soll kein Hindernis darstellen, sondern uns stattdessen lehren, dass die beste Art der Liebe meist in überraschender Gestalt erscheint. Zudem sollen sich so alle noch vorhandenen persönlichen oder familiären Konditionierungen hinsichtlich unserer idealen Partnervorstellung auflösen.

Auch in weniger drastischen Fällen erzählen die meisten Zwillingsflammen, dass ihr Zwilling keineswegs »ihrem Typ« entsprach.

Diese Haltung findet sich in dem Film »Crazy Rich« von 2018 wieder, in dem Rachel (Constance Wu) herausfindet, dass ihr langjähriger Freund Nick (Henry Golding) sagenhaft reich ist. Zum ersten Mal fällt es ihr an Bord eines Flug-zeugs auf, als sie zur Hochzeit seines besten Freundes in Nicks Heimat Singapur reisen: Ihre Sitze befinden sich nicht einfach in der ersten, sondern in der Luxusklasse. Rachel ist überrascht. Als Wirtschaftsprofessorin an der New York University hat sie nie damit gerechnet oder davon geträumt, sich einen wohlhabenden Mann zu angeln. Es ändert nichts an ihren Gefühlen für Nick, aber sie lernt ihn nun von einer anderen Seite kennen.

Wie alle versierten New Yorker*innen ist Rachel anpas-sungsfähig. Sie gewöhnt sich schnell an dieses neue Leben, das sie bislang nicht kannte, an der Seite eines Mannes, wie sie ihn sich nie vorgestellt hatte.

Der Film zeigt mehrere Schlüsselmomente, in denen Rachel langsam lernt, sich in eine von Singapurs reichsten Familien einzufügen. Doch dann kommt es zum Konflikt mit Nicks Mutter: Eleanor (Michelle Yeoh) verkündet, dass Rachel nicht gut genug für ihren Sohn sei und sie die Bezie-hung entschieden missbillige. Obwohl es so aussieht, als ob ihre Beziehung zum Scheitern verurteilt ist, trifft sich Ra-chel in einer der letzten Szenen mit Eleanor und erklärt ihr, dass sie, aus Liebe zu Nick, Abstand von ihm nehmen wird. Sanft weist seine Mutter sie darauf hin, dass Nick dank Ra-chels Fähigkeit, ihre Liebe um seines Glücks willen gehen zu lassen, eines Tages mit einer anderen, von ihr gebilligten Frau glücklich verheiratet sein wird.

Am Ende gibt Eleanor natürlich doch nach, und es scheint, als hätten Rachel und Nick ihre ewige Liebe gefun-den. Der Film macht auch deutlich, dass wir die Reise, die wir in Erwartung der Liebe im Geist geplant haben, ver-werfen müssen, denn die Liebe erscheint nie so, wie wir sie uns vorgestellt haben.

Um diese Art der Liebe wirklich annehmen zu können, müssen wir verstehen, dass wir alles merkwürdig finden werden: das Aussehen der Person, das Gefühl der Verbundenheit und die Anziehungskraft, sogar das Timing. Nichts von alledem wird irgendwelchen herkömmlichen Zeitplänen oder gar Beziehungsstandards entsprechen. Die Verbundenheit in Liebe ist das wirklich Einzigartige. Obwohl wir mehreren Seelen- und karmischen Partnern begegnen können, haben wir nur eine einzige Zwillingsflamme, eine Verbindung, die anders ist als alle anderen, und eine Person, deren einziger Wunsch es ist, dass wir lernen, uns so zu lieben, wie sie uns liebt.

All dies wird uns jedoch nicht hübsch verpackt und bequem vor die Füße gelegt. Wahrscheinlich wird es eher wie ein heftiger Wirbelsturm sein, der das Leben für immer in ein Davor und ein Danach teilt. Auch wenn wir diese Person vielleicht schon in unseren Zwanzigern kennenlernen, gehen wir vermutlich erst zu einem späteren Zeitpunkt eine Beziehung mit ihr ein.

Das liegt daran, dass wir damals noch nicht bereit für sie waren.

Um unsere Zwillingsflamme zu empfangen, müssen wir nicht nur eine beträchtliche Menge Karma aufgelöst haben, sondern auch als Individuum gefestigter sein. Wir mussten unsere erste und zweite Liebe durchlaufen, um unsere Wunden zu heilen. Sonst würden wir mit unserer Zwillingsflamme genauso umgehen wie mit unseren vorherigen Partnern und wären uns der Einzigartigkeit dieser Beziehung gar nicht bewusst.

Jenna zum Beispiel war ihrer Zwillingsflamme mehrere Male über den Weg gelaufen, sowohl im beruflichen als auch im privaten Umfeld. Doch jedes Mal hatte sie noch mitten in ihrem karmischen Liebesrausch gesteckt. Sie war süchtig gewesen nach dem Chaos und dem Drama und hatte Henry kaum wahrgenommen.

Jahre später, nachdem sie geschieden und eine Weile Single gewesen war, erkannte sie, dass das Universum sie schon seit einiger Zeit immer wieder zusammengeführt hatte. Nur war sie noch nicht bereit für ihn gewesen.

Obwohl es notwendig sein mag, dass wir unserer Zwillingsflamme erst zu einem späteren Zeitpunkt im Leben begegnen, kann das auch Teil des Problems sein. Denn vielleicht tun wir diese Beziehung, dieses Gefühl anfangs als Affäre ab, so umwerfend sie auch sein mag, weil wir uns noch nicht wirklich darauf eingelassen haben. Wir reden uns ein, dass wir auf diese Weise bleiben können, wo wir sind, und unser Leben nicht komplett umgestalten müssen, denn genau das fordert diese Verbindung von uns.

Weil wir so viel über uns gelernt haben, erwarten wir nicht mehr, dass jemand anders uns vervollständigt. Wir fühlen uns selbstbewusst, sicher und mehr als glücklich damit, allein zu sein. Wenn also unsere Zwillingsflamme ins Bild kommt, gibt es keinen Druck, dass daraus etwas anderes werden muss als das, was es eben ist: eine zwanglose Liebesgeschichte.

Eine Zwillingsflamme ist nicht perfekt. Es werden Fehler passieren, aber die Verbindung zu ihr wird dich inspirieren.

Das Leben wird nie mehr so sein wie zuvor

Obwohl es keine perfekte Beziehung gibt, werden wir das Gefühl haben, als ergebe sich die aktuelle Liebe wie von selbst.

Auch wenn Zwillingsflammen schon einige Jahre zuvor im Leben des anderen auftauchen – sei es als Kolleg*in, Freund*in oder auch nur entfernte*r Bekannte*r –, schlummern die Gefühle bereits in ihnen. Vielleicht stellt sich eine Art des Sicherkennens, eine Verbundenheit, eine Vertrautheit oder auch ein bestimmtes Gefühl ein, wenn wir Blickkontakt mit unserer Zwillingsflamme aufnehmen. Wahrscheinlich nehmen wir intuitiv wahr, dass dieser Mensch für uns bedeutsam ist. Doch wir achten nicht weiter darauf, weil er zu jung für uns ist, zu alt oder keinen passenden Background hat. Oder weil wir uns einreden, wir wären glücklich verheiratet (nicht wahr?).

Manchmal vergessen wir diese Person auch wieder, da wir unsere Gefühle ausblenden und uns einreden, dass unser Leben bereits durchgeplant und so genau richtig sei. Wir können absehen, wo wir in fünf Jahren leben und arbeiten werden, wie lange wir bis dahin verheiratet sein und sogar wo wir gemeinsam den Urlaub verbringen werden.

Doch dann gibt es diesen einen Augenblick.

Das Universum kippt, und das Unmögliche geschieht.

Vielleicht begegnen wir dieser Person zum ersten Mal oder wir geraten in eine Situation, die unsere Perspektive verändert, und sehen den anderen plötzlich in neuem Licht. Unser Schutzschild öffnet sich gerade so weit, um ihn hineinzulassen, und von da an wird das Leben nie mehr so sein wie zuvor. Vielleicht ist es passiert, als wir einem Lehrer an der Schule unseres Kindes in die Augen gesehen haben, oder wir fangen auf einem Wochenendtrip mit Freundinnen den Blick eines Fremden an der Bar auf. Wie auch immer es abläuft: Wir spüren deutlich, dass das Leben uns von Anfang an zu ebendiesem Augenblick geführt hat.

Wie auch immer es sich im Einzelnen entwickeln mag: Das Leben wird nicht mehr dasselbe sein, und wir werden nicht mehr dieselben sein. Auch wenn wir es vielleicht noch so sehr zu leugnen versuchen, erhaschen wir doch einen flüchtigen Blick auf etwas, was wir nie für möglich gehalten hätten. Ungeachtet des Timings oder der Unmöglichkeit all dessen ist eine Verbindung entstanden, die wir nie mehr vergessen werden.

Zwillingsflammen haben ein göttliches Timing, auch wenn es uns zunächst unpassend erscheint.

Simones Welt hob sich aus den Angeln, als sie während ihres alljährlichen Winterurlaubs mit Freundinnen auf ihre Zwillingsflamme traf. In diesem speziellen Jahr standen die Sterne günstig. Simone lief ihrer Zwillingsflamme zufällig über den Weg, im Beisein ihre jeweiligen Freund*innen, und beide fühlten sich sofort zueinander hingezogen. Es war, als ob sie sich schon immer gekannt hätten. In diesem Moment begann ihre gemeinsame Reise.

Obwohl Simone ihre Gefühle und die Tragweite dieser Begegnung früher erkannte als er, hinterfragte ihr rationaler Verstand die Erfahrung unentwegt. Schließlich waren sie beide verheiratet und hatten Kinder.

Auch schien zumindest Simone mit ihrem Leben zufrieden zu sein: Vielleicht entsprach ihre Ehe nicht dem, wofür sie sich zu einem späteren Zeitpunkt entschieden hätte, aber beide liebten einander und führten ein gemeinsames Familienleben. Sie war nie auf den Gedanken gekommen, sich scheiden zu lassen oder noch einmal allein von vorn zu beginnen.

Dass die Zwillingsflammenbeziehung eine echte Reise ist, muss Simone allerdings noch lernen. Bei den meisten neuen Beziehungen merkt man nach circa sechs Monaten, dass es entweder nur eine Affäre war (und trennt sich) oder dass es etwas Ernstes ist. Dann beginnt der Prozess, in dem beide ihre Leben zusammenzuschweißen. Man stellt seinen Partner der eigenen Familie vor, zieht zusammen oder verlobt sich sogar.

Auch wenn es uns nicht immer bewusst ist, neigen wir dazu, einem Liebesrezept zu folgen, das auf Heirat oder irgendeine Form von großer Verpflichtung zusteuert.

Zwillingsflammen sind anders, weil nichts an dieser Verbindung normal oder traditionell ist. Tatsächlich wird unsere Herangehensweise an eine Beziehung sowie unser Verständnis von Verpflichtung im Laufe dieser Reise permanent infrage gestellt. Das eigentliche Ziel dieser Verbindung liegt darin, dass wir wachsen, weshalb es bei vielen Konstellationen Monate oder Jahre dauern kann, bis sie Früchte trägt.

In dieser Verbindung geschieht Wachstum auf andere Art und Weise. Es geht nicht so sehr um die Bewältigung unserer Vergangenheit als vielmehr um die Fähigkeit, uns für unsere Zukunft zu öffnen. Nicht so sehr darum, wer wir sind, als um die Person, die wir werden sollen. Das heißt nicht, dass wir währenddessen nicht mit unserem Zwilling zusammen sein können. Aber wir müssen begreifen, dass es bei dieser Verbindung in allererster Linie um persönliches Wachstum geht. Die Liebesbeziehung an sich steht an zweiter Stelle.

Erst im Laufe der Beziehung mit ihrem Zwilling begriff Simone, dass sie schon länger nicht mehr wirklich glücklich in ihrer Ehe gewesen war. Weil sich das jedoch so langsam entwickelt hatte, hatte sie sich an diese Unzufriedenheit gewöhnt. Ironischerweise verhielt es sich bei ihrer Zwillingsflamme genauso. Zwar behauptete er felsenfest, seine Frau zu lieben, aber manchmal klang es so, als müsse er sich selbst davon überzeugen.

Viele von uns finden sich damit ab, unglücklich zu sein und es auch zu bleiben.

Wir reden uns ein, dass es nun mal so ist, dass wir erwachsen sind, uns dementsprechend benehmen und damit klarkommen müssen. Denn Hand aufs Herz: Wer ist schon wirklich glücklich verliebt und hat stets ein erfüllendes Sexleben? Zumindest ist das der innere Dialog, mit dem wir Veränderungen vermeiden.

Im Wesentlichen reden wir uns selbst aus, glücklich sein zu wollen, eine dahinsiechende oder bereits mausetote Beziehung aufzugeben – sei es wegen der Kinder, der Finanzen, der Erwartungen anderer oder auch, weil wir unsere Komfortzone nicht verlassen wollen. Bei einem Nullachtfünfzehn-Verhältnis mag das durchaus funktionieren, nicht aber bei unserer Zwillingsflamme, denn die wird nicht aufgeben, bis wir endlich aufwachen.

Bis wir die Augen öffnen und uns die Verbundenheit, das Gefühl und diese überwältigende Anziehung eingestehen, die uns fast den Verstand raubt.

Erwachte Sexualität

Eines der zentralen Merkmale von Zwillingsflammen ist ihre körperliche Anziehungskraft und das gegenseitige sexuelle Verlangen.

Zwillingsflammen fühlen sich stark zueinander hingezogen. Aufgrund des ähnlichen Energieniveaus, des Gefühls von Geborgenheit und weil Sex mit der Zwillingsflamme all unsere bisherigen Vorstellungen übersteigt, wird dieser oft als der beste des Lebens bezeichnet. In anderen Liebesbeziehungen fehlt oftmals nicht nur das innige Liebesspiel, sondern auch die starke Leidenschaft – eine geradezu unwillkürliche physische Reaktion, wann immer wir den anderen treffen oder auch nur in seine Nähe kommen.

Karen war ebenfalls verheiratet, als sie ihre Zwillingsflamme kennenlernte. Sie beschrieb diese Begegnung als »Erwachen« ihrer Sexualität. Davor hätte sie sich als eine nicht sonderlich an Sex interessierte Person beschrieben, deren Begehren brachlag – etwas, was oft passiert, wenn man Kinder gekriegt hat und schon lange verheiratet ist (erstaunlich, wie wir uns selbst belügen, um uns einbilden zu können, unglücklich zu sein wäre normal). All das veränderte sich jedoch, als Karen ihren Zwilling traf. Sie beschrieb sogar das Kribbeln zwischen ihren Beinen und das Gefühl von »Oh mein Gott, ich kann etwas spüren«. Dass sie sexuelles Verlangen empfand, sobald sie nur in seiner Nähe war, schockierte sie geradezu.

Diese Anziehungskraft beruht nicht allein auf dem Aussehen oder der Persönlichkeit des anderen, sondern entsteht auch durch den Gleichklang der Seelen. Es ist das Gefühl, vom anderen wirklich erkannt und vollkommen akzeptiert zu werden, diese unerklärliche Empfindung, dass der andere uns »erfasst«, nachdem wir schon lange nicht mehr an diese Möglichkeit geglaubt haben.

Zwillingsflammen betonen zudem den Aspekt, dass ihr Sex ein Energieaustausch ist. Ich habe mich mit mehreren Frauen unterhalten, die meinten, vor der Begegnung mit ihrer Zwillingsflamme gar nicht gewusst zu haben, was Sex sei. Wie Stacy sagte: »Durch den Sex mit ihm habe ich endlich kapiert, was dieser ganze Hype soll.« Er ist Ausdruck der tiefen Verbindung zweier Seelen, aber es geht eben auch um die multidimensionale Anziehung, die wir mit dem anderen erleben.

Das lehrt uns, dass es einen Unterschied gibt zwischen einer Person, die uns auf physischer Ebene anmacht, und einer, die uns auf geistiger oder auch psychischer Ebene erreicht. Da zwischen Zwillingsflammen eine echte Geist-Körper-Seele-Verbindung existiert, besteht die Anziehungskraft auf jeder Ebene. Wir wollen dem anderen nicht nur die Kleider vom Leib reißen und mit ihm ins Bett hüpfen, wir wollen ihm genauso sehr nahe sein, mit ihm reden, schweigend zusammensitzen und einfach seine Gegenwart genießen.

Es geht um sexuelle Chemie und zugleich um ein Gefühl der Ganzheit und Vollständigkeit. Deshalb werden wir immer zueinanderfinden, egal wie stark oder wie lange wir uns gegen diese Verbindung wehren.

Sobald eine Seele ihre Heimat gefunden hat, vergisst sie sie nie mehr.

Das langsame Feuer

Zwillingsflammen spüren genau, wann der ideale Zeitpunkt ist, um in das Leben des anderen zu treten.

Sei es am Ende einer Ehe oder nach Jahren der Selbstheilung, es passiert im exakt richtigen Moment, auch wenn es einem vielleicht unangemessen oder herausfordernd erscheint.

Als Menschen gefällt es uns, unser Leben und was darin geschieht, zu kontrollieren (oder zumindest in der Illusion zu leben, es kontrollieren zu können), obwohl vieles in Wirklichkeit zufällig passiert. Weil diese Liebe jedoch am Anfang so unkompliziert daherkommt, neigen wir dazu, sie auf eine Art zu kategorisieren, dass wir uns mit ihr wohler fühlen.

Wir kleben ihr ein Etikett auf und versuchen einfach so weiterzumachen wie bisher. »Wir sind nur Freunde«, haben schon viele mir – und sich selbst – zu erklären versucht. Aber genau, wie wir keine Beziehung in eine Liebesbeziehung verwandeln können, wenn die entsprechenden Gefühle fehlen, können wir auch nicht so tun, als wäre eine Verbindung rein freundschaftlich, wenn stärkere Gefühle vorherrschen.

Manchmal wollen wir auch gar nichts etikettieren, sondern in Ruhe abwarten, was diesmal passiert, da man uns schon oft genug das Herz gebrochen hat. Um nichts zu überstürzen, fangen wir deshalb als »Freunde« an und schauen, wo das hinführt, ohne zu merken, dass wir gerade dabei sind, unsere fünf Fundamente zu errichten.

Obwohl die körperliche Anziehung vom ersten Tag an spürbar ist, werden wir uns eher nicht Hals über Kopf in eine Beziehung stürzen. Und zwar nicht, weil die entsprechenden Gefühle fehlen – im Gegenteil! –, sondern weil es diesmal für uns in Ordnung ist, nichts zu forcieren.

Annie lernte ihre Zwillingsflamme Robert eines Samstagmorgens beim Joggen kennen. Wie sie sagt, fühlte sie sich ganz natürlich zu diesem Mann hingezogen. Von Anfang an kam es ihr vor, als hätten sie sich schon jahrelang miteinander unterhalten.

Da war dieses augenblickliche Erkennen.

Sie verabredeten sich für das Wochenende drauf zum Wandern, und ich weiß noch, wie sie meinte: »Auch da fühlte es sich an, als wären wir zusammen, als wären wir schon immer zusammen gewesen.« Dieses erste Date ist einige Jahre her, und nach wie vor genießen sie jeden gemeinsamen Moment. Es gab auch schwierige Zeiten, doch die haben ihre Liebe, Akzeptanz und Unterstützung so gestärkt, dass sie nichts mehr aus der Bahn werfen kann.

Dieses Mal überstürzte Annie es jedoch nicht. Sie kündigte in den sozialen Medien keine neue Beziehung an und versuchte auch nicht gleich, ihren Status festzulegen. Stattdessen stellte sie Robert Fragen, nahm sich Zeit und ließ zu, dass sich die Beziehung ganz natürlich entwickelte.

In dieser Phase geht es letztlich darum, sich auf die Liebe einzulassen, die starke Verbundenheit zu erfahren und in aller Ruhe über diese neuen Eindrücke nachzudenken.

Die Entscheidung, zu schauen, wie sich die Dinge mit unserer Zwillingsflamme entwickeln, ist wichtig, weil sie den Grad unseres persönlichen Wachstums widerspiegelt. Auch wenn wir uns Zeit lassen wollen und nicht dringend nach jemandem suchen, der uns ergänzt, müssen wir trotzdem bewusst die Wahl treffen, miteinander in Verbindung zu bleiben. Wir müssen beschließen, dass wir bereit dafür sind.

Erst wenn wir uns wirklich für uns selbst entscheiden, können wir uns auch für unsere Zwillingsflamme entscheiden. Erst dann können wir uns auf die Reise einlassen, die diese Verbindung erfordert, und uns vertrauensvoll in eine Richtung führen zu lassen, die bis dahin außerhalb unserer Vorstellungskraft lag. Und erst dann können wir die Liebe unserer Zwillingsflamme wirklich annehmen, denn aufgrund ihrer gleich gearteten Schwingung spürt sie unsere Zweifel und unser Zögern ganz genau.

Beim Zusammensein mit unserer Zwillingsflamme geht es nicht nur um eine Liebesbeziehung. Es geht um das Leben.

Bereit für die Liebe

Für die Liebe bereit zu sein heißt auch, es diesmal anders anzugehen.

Egal, wie viele Herausforderungen es gibt, ob Zwillingsflammen örtlich voneinander getrennt sind, durch Ehen oder soziale Unterschiede: Sie werden immer irgendwie zusammenfinden, denn die physische Präsenz des jeweils anderen lässt den Rest der Welt verschwinden. Die Zeit steht still, und wir erinnern uns, dass sich die besten Dinge kaum in Worte fassen lassen.

Zwillingsflammen durchlaufen verschiedene Phasen, die Teil der gesamten Reise sind. Während uns einige davon den Atem rauben – die erste Begegnung oder der erste Kuss beispielsweise –, erweisen sich andere als schwierig, denn wir wollen doch einfach nur zusammen sein und den anderen genießen, genau wie diese Liebe, die fast schon zu leichtfüßig daherkommt.

In dieser Verbindung wird es immer mal zu Abständen kommen. Manchmal sind sie einer räumlichen Trennung geschuldet, manchmal der Erkenntnis, dass erst mehr Heilung nötig ist, bevor man sich zusammentut. Aber das Bewusstsein ist da, und beide Zwillinge begleiten einander auf dieser Reise, und zwar nicht mit ungesundem Verhalten oder Missbrauch, sondern in dem ehrlichen Wunsch, einander zu helfen, das Beste aus sich zu machen.

Diese Abstände werden auch als die Läufer-und-Jäger-Phase der Zwillingsflammenverbindung bezeichnet: Ein

Zwilling, meist der männliche, verlässt den anderen aus Angst. Entweder bleibt er in seiner aktuellen Beziehung und ignoriert sie oder er sabotiert die Beziehung, indem er eine Affäre beginnt. In beiden Fällen geht es um dasselbe: Zumindest zu diesem Zeitpunkt lehnt er die Verbindung ab.

Dieses Verhalten verdeutlicht, wie sehr eine Zwillingsflammenbeziehung der karmischen Leidenschaft ähneln kann und wie leicht wir eine karmische Liebe für unsere Zwillingsflamme halten und daher romantisieren können.

Doch aufgrund des Heilungsprozesses, den beide durchlaufen haben, wird eine Zwillingsflamme die andere nie ganz verlassen. Vielleicht ist sie noch nicht bereit, sich komplett auf den anderen einzulassen, weil sie noch seelische Arbeit zu erledigen hat. Dennoch wird es sie irgendwann wieder zurück zu ihrem Zwillingsflammenpartner ziehen.

Für die Liebe bereit zu sein heißt, für ihre Wirklichkeit bereit zu sein, nicht nur für den Traum.

Es heißt, dass wir noch daran arbeiten müssen, diese Liebe zu verwirklichen oder unser Leben so umzugestalten, dass wir sie umsetzen können, auch wenn sie so unerwartet aufgetaucht ist. Eine Zwillingsflamme wird dich nie dazu drängen, weniger zu akzeptieren, als dir zusteht, oder dir mit narzisstischen Verhaltensmustern begegnen, sei es bewusst oder unbewusst, aber sie wird dich stets herausfordern.

Trotzdem wird sie in der Lage sein, deinen Heilungsprozess fortzuführen.

Direkt nachdem sie ihrer Zwillingsflamme begegnet war, kam Maria mit folgender Frage zu mir: »Wenn das meine Zwillingsflamme ist, warum fühlt es sich dann nicht unkomplizierter an?« Sie war verwirrt, weil Patrick sie mit

ihrem Verhalten konfrontierte und Situationen deutlich er-
schwerte. Als sie jedoch darüber nachdachte, erkannte sie,
dass ihr Partner ihr nach ihrer karmischen Liebe weitere
Heilung ermöglichte.

Er unterstützte den Heilungsprozess, indem er ihr Fragen
stellte und sie zur Rechenschaft zog.

Es ist leicht, zu glauben, wir seien bereit für unsere ewige
Liebe, allerdings nur so lange, bis wir demjenigen wirklich
in die Augen sehen und plötzlich erkennen, wie sich unser
Leben ändern wird. Genau das bringt Nicholas Sparks in
seinem Roman »Wie ein einziger Tag« auf den Punkt, wenn
Noah Allie anschreit: »Also, es wird nicht einfach werden.
Es wird richtig hart. Wir werden jeden Tag daran arbeiten
müssen, aber ich will das tun, denn ich will dich. Ich will
dich ganz, für immer, du und ich, jeden Tag.«

Sparks schildert die Liebe zwischen zwei Menschen, der
die Zeit absolut nichts anhaben konnte. Allerdings stellt
sich zugleich heraus, dass, nur weil die Liebe einem zu-
fliegt, das nicht automatisch auch für alles andere gilt.

Vielleicht ist das die wichtigste Lektion, die wir in dieser Phase lernen: Möglicherweise müssen wir gar nicht an
der Liebe arbeiten, sondern eher an den Punkt gelangen, an
dem wir sie einfach genießen können.

DIE WIRKLICHKEIT

Bisher wussten wir nicht, was wahre Liebe ist

Wenn etwas geschehen soll, lässt es sich durch nichts aufhalten und am wenigsten von uns.

Jede von uns träumt von der Liebe, egal wie zynisch sie auch sein mag. Nicht nur von einer »Ich liebe dich«-Beziehung, sondern von einer Verbindung, die uns wirklich erfüllt, die unsere Hoffnung in Sachen Liebe neu entfacht und bei der wir in die Augen unseres Partners blicken und zweifelsfrei wissen, dass es niemanden sonst auf dieser Erde gibt, der uns auf diese Art lieben könnte, der in unser Leben treten und es so verändern könnte.

Es ist eine Liebe, die alles überwindet und sich langfristig bewährt, nachdem wir versucht haben, alle Hoffnung über Bord zu werfen.

Zwillingsflammen sind real. Es ist eine Verbindung, die der Logik oder sogar den Erwartungen trotzt. Dennoch bedeutet das nicht, dass es einfach wird, und auch nicht, dass wir immer bereit sind für das, was diese Beziehung in unser Leben bringt, oder für die Veränderungen, die sie bewirken wird.

Lass zu, dass die Liebe dich findet

Wenn ich mit Klientinnen über diese Verbindung spreche, beschreibe ich sie als Beziehung, die sich ganz natürlich ergibt, aufgrund des Wachstums und der seelischen Arbeit, die jede Person unabhängig von der anderen betreibt. Unsere ähnlichen Schwingungen haben uns ursprünglich zum anderen hingezogen; ebendieses Gefühl kann aber auch bewirken, dass wir in die entgegengesetzte Richtung laufen wollen, wenn auch nur vorübergehend. Um Zwillingsflammen zu verstehen, ist es wichtig, zu wissen, dass diese Beziehung anders abläuft und sich anders verhält als jede bisherige Liebesgeschichte. Es wird weder Zeitpläne geben noch gilt es, Regeln zu befolgen oder auch die herkömmlichen Meilensteine einzuhalten.

Es ist eine Liebe rein um der Liebe willen.

Das höchste Ziel in der Zwillingsflammendynamik ist es, uns wachzurütteln und uns zu helfen, zu dem Menschen zu werden, der wir sein sollen. Ja, wir sollen uns an einer wundervollen Partnerschaft und Liebe erfreuen, aber wir werden durch die Beziehung auch wachsen. Bei der ersten Begegnung mit unserem Zwilling denken wir möglicherweise, es sei die perfekte Liebe, die weder Mühe kennt noch Probleme, die zu Zwist oder Streit führen. Es erscheint uns wie eine göttliche Inszenierung, weshalb wir uns nicht vorstellen können, dass es jemals zur Trennung oder gegenseitigen Verletzung kommen könnte, denn das Gefühl der Liebe ist stets präsent, auch wenn es anfangs unausgesprochen bleibt.

Doch wir haben gelernt, dass wir eine Beziehung nicht zu etwas machen können, zu dem sie nicht bestimmt ist, egal wie fantastisch sie sich anfühlt. Deshalb nehmen Zwillinge oft – auch noch nach längerem Zusammensein – jeden Tag einfach so, wie er kommt.

Diese Liebe findet dich, weil du aufgehört hast, nach der Liebe zu suchen, und weil du endlich bereit für sie bist.

Du hast beschlossen, dich auf dich selbst zu konzentrieren und das Leben zu genießen, wie es ist. Dein Leben ist prallvoll, auch wenn du vielleicht gerade ohne Begleiter bist. Trotzdem hast du dich der Liebe nicht verschlossen, sondern bist offen. Du fühlst dich nicht weniger als Frau, nur weil du zurzeit keinen Mann an deiner Seite hast.

Kayla war ein glücklicher Single. Sie war von ihrer karmischen Liebe geheilt, hatte klare Grenzen zum Vater ihres Sohnes gezogen und nun das Gefühl, sich gerade erst selbst kennenzulernen. Sie praktizierte viel Selbstfürsorge und nahm sich Zeit, darüber nachzudenken, was es bedeutete, in einer Beziehung zu sein, aber sie war nicht aktiv auf der Suche.

Sie hatte beschlossen, sich nicht mehr auf ihren Beziehungsstatus zu fokussieren. Seit sie denken konnte, war sie entweder in einer Beziehung gewesen, gerade dabei, über eine Beziehung hinwegzukommen, oder im Begriff, von einer in die nächste Beziehung zu wechseln.

Als sie sich nun endlich bereit für die Liebe fühlte, beschloss sie, sich nicht mehr darauf zu konzentrieren.

Dann kam Mark. Obwohl sie immer mal wieder zusammengearbeitet hatten, hatte es bei ihr nie gefunkt – bis zu einer bestimmten Konferenz. Auf einmal spürten sie beide diese besondere Verbundenheit. Doch keiner von ihnen trieb die Sache voran. Inzwischen leben sie eine wundervolle Beziehung, wenn auch zurzeit örtlich voneinander getrennt.

Kayla mag also beschlossen haben, dass sie für die Liebe bereit war, aber sie ließ auch zu, dass diese sie fand.

Beiden ist klar, dass noch einige Herausforderungen vor ihnen liegen; ebenso ist ihnen klar, dass sie zumindest in derselben Stadt leben wollen statt an entgegengesetzten Enden des Landes. Aber sie forcieren oder überstürzen nichts.

Sie genießen ganz einfach den Prozess, unabhängig davon, wohin er führt.

Annehmen lernen

Sich etwas sehnlich zu wünschen ist eine andere Sache, als die Arme – und das Herz – weit zu öffnen, um es zu empfangen.

Bis zu diesem Zeitpunkt haben wir uns an die extremen Liebesbomben-Hochs und -Tiefs unserer karmischen Liebe gewöhnt und aus dem Blick verloren, was es eigentlich heißt, eine gesunde Beziehung zu führen.

Wir müssen unsere Einstellung zum Thema Beziehungen ändern und uns von unserer Sucht nach Dysfunktion befreien.

Wir müssen all die wichtigen Lektionen aus unserer karmischen Beziehung nicht nur gelernt haben, sondern sie auch selbstständig in die Praxis umsetzen können. Wir müssen so weit sein, dass wir unsere Zwillingsflamme wie auch die Stabilität und Präsenz, die sie uns bietet, bewusst annehmen können.

Imami war eine erfolgsverwöhnte, selbstbewusste Frau. Sie leitete eine internationale Firma und fühlte sich in ihrem eigenen Bereich sehr wohl und sicher. Die bei ihrer karmischen Liebe aufgekommenen Probleme mit dem Thema Vernachlässigung hatte sie geheilt und war nun bereit für eine neue Beziehung.

Sie sehnte sich nicht danach, ihre Zwillingsflamme zu finden, aber sie wollte einen Mann, der sie so behandelte, wie es ihr zustand – etwas, was sie vorher nie eingefordert hatte. Bei einem unserer Telefonate erwähnte sie Trevor, einen Mann, den sie kurz zuvor auf einer Reise kennengelernt hatte.

Sie zögerte zuzugeben, dass sie auf Anhieb eine starke emotionale und geistige Verbundenheit mit ihm gespürt hatte, aber sie konnte es auch nicht leugnen. Imami war aufrichtig überrascht angesichts der Intensität ihrer Gefühle für Trevor und fand es gleichzeitig aufregend, diesen Prozess mit ihm zu durchleben.

Kurze Zeit später rief sie mich aufgebracht an.

Wie vielen Frauen fiel es Imami schwer, das anzunehmen, was sie sich angeblich wünschen. Sie wusste nicht, wie sie mit seiner Aufmerksamkeit oder seinen liebevollen Gesten umgehen sollte, und – wichtiger noch – sie wusste nicht, wie sie eine Beziehung ohne Chaos handhaben sollte!

Obwohl sie das Gefühl hatte, großer Liebe würdig zu sein, hatte sie keinerlei Erfahrung damit, diese auch anzunehmen.

Sie und Trevor setzten ihre gemeinsame Beziehung fort, langsam, aber auch – was am wichtigsten ist – ehrlich. Nach unserer Unterhaltung beschloss Imami, ihm ihre Gefühle zu offenbaren. Es stellte sich heraus, dass es genau das war, was sie gebraucht hatte. Sie musste ihm einfach von ihrem Widerstand erzählen, um sich nicht allein damit zu fühlen und damit er begriff, was sie durchmachte.

Sie merkte, dass das Zur-Sprache-Bringen sie dafür öffnete, mehr anzunehmen.

Wachstum ist und bleibt das Ziel

Obwohl wir vor der Begegnung mit unserer Zwillingsflamme ein gutes Stück gewachsen sind, wird diese Beziehung mehr von uns fordern als jede andere. Die Entscheidung, durchschaubar und verantwortungsbewusst zu sein sowie frühere Muster oder Zyklen zu vermeiden, ist nicht immer leicht durchzuhalten!

Zwillingsflammen durchlaufen auf ihrer Reise unterschiedliche Stadien. In der Phase des Bewusstseins treffen sich Zwillingsflammen zum ersten Mal und erfahren eine Liebe, von der sie sich nicht fernhalten können, egal wie sehr sie es auch versuchen. Auf einmal stecken wir so tief darin, dass ein Leben ohne den anderen unvorstellbar scheint. Das jagt uns Angst ein, weil bisher jeder, der versprochen hat, stets für uns da zu sein, irgendwann gegangen ist.

Tatsächlich hat bis jetzt keine Liebe den unvermeidlichen Stürmen des Lebens getrotzt, sondern sich vielmehr als höchst flüchtig erwiesen, sobald wir einem Partner »für immer« zugeflüstert haben.

Natürlich liegt das auch daran, dass die meisten Beziehungen nicht für die Ewigkeit gedacht sind, sondern dafür, uns Lektionen zu lehren. Das ist jedoch schwierig zu berücksichtigen, wenn wir die für Zwillingsflammen typische intensive Chemie spüren.

Jetzt besteht die Lektion darin, dass eine Beziehung ewig halten und gleichzeitig als Vehikel für großes Wachstum dienen kann.

Während der anfänglichen Phase des Bewusstseins und der Verbundenheit wächst nicht nur die Liebe zu unserem Zwilling: Auch unsere Seelen beginnen, sich zu vereinen. Zwar haben wir die Vorstellung von dem *Einen* längst verworfen, weil wir uns auch allein vollständig fühlen. Doch sobald wir den Energieaustausch mit unserem Zwilling spüren, haben wir unweigerlich das Gefühl, all unsere bisherigen Erfahrungen hätten uns zu genau diesem Moment geführt.

Jetzt sind wir aufgefordert, nicht nur zu glauben, dass Liebe dauerhaft sein kann, sondern dass sie uns beim Wachsen helfen kann, ohne uns gleichzeitig zu verletzen. Wir müssen lernen, dass Wachstum nicht nur mit Tränen und Schmerz einhergeht, sondern auch mit langen Gesprächen und bedingungsloser Liebe.

Dies ist die Liebe, die alle anderen bedeutungslos werden lässt, die uns zeigt, warum es vorher nie funktioniert hat. Sie wird aber auch all unsere Glaubenssätze in Sachen Liebe hinterfragen und all das zunichtemachen, woran wir aus Bequemlichkeit festhalten.

Die ewige Liebe zeigt sich nicht immer von ihrer besten Seite, sie wird uns nicht schmeicheln oder sagen, was wir hören wollen. Sie wird weder in ein kleines Schmuckkästchen passen noch sich an irgendwelche Regeln halten. Vielmehr wird sie uns weiterhin auf jeder Ebene herausfordern, sodass wir uns fragen, ob so etwas überhaupt Liebe sein kann.

Nicht weil es sich um ein Gedankenspiel handelt, das uns wieder einmal gefangen nimmt, sondern weil wir begreifen müssen, dass bedingungslose Liebe immer präsent ist – auch bei Abwesenheit, Aufruhr, Enttäuschung oder Traurigkeit.

Ava nahm Kontakt zu mir auf, weil sie fürchtete, zu abhängig von Keith zu werden, dem Mann, den sie für ihre Zwillingsflamme hielt. Sie hatte ihre Seelenpartnerliebe und ihre karmische Liebe hinter sich und wollte es dieses Mal unbedingt anders angehen.

Keith war von Anfang an fantastisch. Mit unendlicher Geduld zeigte er ihr, dass er sich für sie interessierte und sich zu ihr hingezogen fühlte. Auf langen gemeinsamen Autofahrten unterhielten sie sich über Dinge, die Ava noch nie von sich preisgegeben hatte. Er hinterfragte ihre Überzeugungen auf eine Weise, die sie zum Nachdenken brachte und nicht zu Selbstzweifeln führte, wie es früher oft der Fall gewesen war. Doch gerade weil alles so glatt lief, fragte sie sich allmählich, ob sie nicht vielleicht in alte Muster der Co-Abhängigkeit zurückfiel.

Ava gab zu, dass sie eine schwierige Zeit hinter sich hatte, in der sie eine Trennung zu verarbeiten versuchte. Sie liebte Keith, hatte aber auch große Angst vor der Verletzung, wenn er sie verließe. Sie konnte sich nicht vorstellen, die Scherben ihres gebrochenen Herzens ein zweites Mal aufsammeln zu müssen.

Durch unsere Gespräche wurde ihr allmählich klar, dass es nicht nur darum ging, diesen wunderbaren Mann in ihr Leben zu lassen, sondern zu begreifen, dass die Trigger, die seine herausfordernde Art bei ihr auslösten, gut für sie waren. Sie war noch dabei, zu wachsen und ihre Unabhängigkeit innerhalb einer Beziehung auszuloten. Sobald Ava erkannte, dass ihre Angst für die Beziehung nicht unbedingt ein negativer Aspekt war, sondern eine weitere Wachstumschance, öffnete sie sich für die Lektion, dass es in Ordnung war, jemanden zu brauchen.

Es ist eine Liebe, die uns nicht nur triggert, sondern uns auch hilft, bedingungslose Liebe zu uns selbst und unserem Partner zu entwickeln.

Auch Zwillingsflammen machen Fehler

Wir behaupten, dass wir Liebe nicht mehr verklären werden. Wir behaupten, verstanden zu haben, dass keine Beziehung perfekt ist. Doch wenn unsere Zwillingsflamme uns auf die Probe stellt, kann es sein, dass wir alles infrage stellen, was wir über die Liebe zu wissen glaubten.

In der zweiten Phase unserer Zwillingsflammenbeziehung werden wir tatsächlich getestet. Es scheint, als stünden wir selbst unserem Zusammensein am meisten im Weg. Nicht, weil wir einander nicht lieben, sondern weil wir Angst haben; weil wir an uns zweifeln und immer noch gegen das Gefühl ankämpfen, diese Liebe womöglich gar nicht verdient zu haben. Obwohl wir lernen müssen, Vertrauen zu fassen – ohne uns aufzuopfern – und auf unsere eigenen Emotionen und unser inneres Wissen zu hören, müssen wir manchmal auch das Gefühl überwinden, einer solchen Liebe nicht würdig zu sein oder sie nicht verdient zu haben.

Zwillingsflammen werden niemals perfekt sein, aber die Beziehung ist es immer wert.

Nikki und ihre Zwillingsflamme führten jahrelang eine On-off-Beziehung. Während sie die verschiedenen Beziehungsphasen durchlief, beschloss sie, sich dem, was sie durchmachte, wirklich zu stellen. Sie ließ zu, dass die Erfahrung, ihre Zwillingsflamme zu lieben, sie veränderte.

Ihre Zwillingsflamme wiederum wurde das Gefühl nicht los, sie nicht verdient zu haben, obwohl er sich so bemüht hatte und sie sehr liebte. Seine Prüfung bestand darin, seine früheren Gefühle von Schuld und Unzulänglichkeit zu überwinden, um sich ganz auf diese Beziehung einlassen zu können.

Es kommt praktisch nie vor, dass nur ein Zwilling seine Themen bearbeitet. Während der eine mit Problemen des Egos und des Selbstvertrauens zu kämpfen hat, beschäftigt sich der andere vielleicht mit Angst, Verletzlichkeit und häufig auch mit Gefühlen der Vernachlässigung. Nikki musste ihre Angst loswerden, dass ihr Zwilling sie verlassen würde, nicht nur, weil das die Schwingung war, die sie aussandte, sondern weil sie aus purer Verlustangst Verhaltensweisen akzeptierte, die sie keineswegs guthieß.

Im Laufe einiger Monate wurden Nikki und ihr Zwilling geübter darin, sich ihre Ängste mitzuteilen. Es gelang ihnen, enger zusammenzuwachsen und die Liebe wirklich anzunehmen, die der andere anzubieten versuchte.

Auch wenn jede Zwillingsflamme ein anderes Themenfeld bearbeiten und heilen muss, bedeutet das nicht, dass die eine einen Heiligenschein trägt und die andere nicht. Zwillingsflammen müssen das Thema Selbstliebe meistern, indem sie das empfindliche Gleichgewicht aufrechterhalten und zuerst an sich selbst denken. Denn darin spiegelt sich direkt wider, was wir an jemand anderen weitergeben können.

In diesem Prozess müssen wir uns selbst so intensiv lieben, dass wir keine Angst mehr haben, verlassen zu werden. Damit erlangen wir die Fähigkeit, Schwachsinn auch als solchen zu benennen, wenn wir ihn sehen, statt auf Zehenspitzen um ihn herumzutänzeln. Wir müssen ehrlich zugeben, wenn wir verletzt oder verängstigt sind. Und wir müssen bewusst die wichtigen Dinge ansprechen, in dem Wissen, dass es diese Momente sind, die uns einander näherbringen.

Das geht zurück auf die Gesamtschwingung der Verbindung: Zwar wurden beide Zwillinge durch ihre ähnliche

Schwingung angezogen, aber immer, wenn diese aufgrund ihrer inneren Kämpfe abnimmt oder sich verändert, verändert sich auch ihre Verbindung.

Kommunikation ist ein entscheidendes Element, um die Schwingung hochzuhalten.

Auch in solchen Zeiten ist die Liebe vorhanden, manchmal sogar stärker denn je. Sie ist nicht so zärtlich wie bei unserem Seelenpartner oder so obsessiv wie bei unserem karmischen Partner, sondern von einer nie gekannten Tiefe. Beide Partner werden diese bedingungslose Liebe annehmen müssen, in dem Wissen, dass sie geliebt werden, egal was sie tun oder was passiert.

Dieses Wissen, dass der andere immer da sein wird, ist für keinen der Zwillinge eine Freikarte, um sich schlecht zu benehmen. Stattdessen erkennen sie das innere Gefühl an, dass sie es verdient haben, geliebt zu werden, an ihren schlechtesten wie an ihren besten Tagen.

Die Prüfungsphase mag schwierig sein, aber das heißt auch, dass Zwillinge zutiefst verbunden sind, obwohl es sich nicht um eine Beziehung im herkömmlichen Sinn handelt (was bei Zwillingsflammen sowieso selten der Fall ist). In solchen Phasen werden wir aber nicht nur geprüft, sondern erhaschen auch einen flüchtigen Blick auf die Belohnung. Sie besteht darin, dass wir allmählich erahnen können, wie eine Beziehung mit unserer Zwillingsflamme aussehen wird.

Unsere Zwillingsflammenbeziehung ist unsere Belohnung dafür, nicht nur an unseren vorherigen Liebesgeschichten gewachsen zu sein, sondern sich auch regelmäßig auf diesen Prozess einzulassen, unabhängig davon, was er mit sich bringt.

Es ist dieses liebliche Gefühl, das sich in unsere Herzen einbettet und uns immer wieder zu der Liebe zurückkehren lässt, auch wenn die Prüfungen uns verletzt, enttäuscht oder verwirrt haben: das Einvernehmen und das tiefe Vertrauen, dass der andere uns auf eine Weise versteht, wie es niemand zuvor getan hat.

Hingabe und Vertrauen

Bislang hatten wir nie die Gelegenheit, uns einer Beziehung vollkommen hinzugeben, also nicht nur der anderen Person, sondern auch der Beziehung selbst voll und ganz zu vertrauen. Nun beginnen wir, zu glauben, dass genau das geschehen wird, was geschehen soll, und es daher unnötig ist, etwas anzustoßen, Spielchen zu spielen oder den anderen zu manipulieren.

Wir fangen an, daran zu glauben, dass Liebe tatsächlich ewig halten kann. Das Ziel dieser Verbindung ist Hingabe und Vereinigung, wenn wir uns, nach den Prüfungen und anfänglichen Triggern, näherstehen als je zuvor. Dies jedoch auf andere Art, weil wir es nicht eilig haben und nicht befürchten müssen, dass unser Geliebter am nächsten Tag einfach abhaut, denn wir haben uns hingegeben und vertrauen ihm.

Manche Leute fragen mich, wie lang jede Phase währt. Wenn zum Beispiel Phase eins ein Jahr dauert, wird Phase zwei dann sechs Monate dauern und so weiter. Das ist ein verbreiteter Irrglaube bezüglich Zwillingsflammen: Es gibt weder Zeitpläne noch Erwartungen. Zwillingsflammen verweigern sich nicht nur den herkömmlichen Etappen einer Beziehung wie Dating, Zusammenziehen und Verloben, sondern ignorieren auch jegliches Zeitmaß. Zwillingsflammenliebe ist per se zeitlos.

Oft wird uns geraten, uns zu trennen, wenn der andere sich nach sechs Monaten noch nicht festgelegt hat. Ständig werden wir von unseren Freundinnen mittels Memes oder Artikeln darüber informiert, dass er sich längst zu uns bekannt hätte, wenn er es wirklich wollte, oder dass er uns nur hinhält, um uns dann aufs Abstellgleis zu schieben. Das mag auf Flirts und übliche Beziehungen zutreffen, lässt sich aber nicht auf die Zwillingsflammenverbindung übertragen.

Während unsere anderen Liebesgeschichten Seelenkontakte waren, die wir durchleben mussten, ist diese Liebe das Zusammentreffen zweier Seelen, die ursprünglich und vor langer Zeit getrennt wurden.

Es gibt zwei Möglichkeiten, Zeit zu verstehen und zu beschreiben. Die erste ist *Chronos* oder die chronologische Zeit. Das ist die Art, wie wir die Zeit in unserem Alltag messen: in Minuten, Stunden, Tagen, Wochen, Monaten und Jahren. Zwillinge gehen jedoch anders mit Zeit um. Sie operieren mit *Kairos*. Diese göttliche Zeitmessung basiert auf der Überzeugung, dass alles im genau dafür vorgesehenen Moment geschieht und keine Sekunde eher. Natürlich ist das kein Argument, mit dem wir unserem Chef vermitteln können, warum wir uns diese Woche zum x-ten Mal verspätet haben, für Zwillingsflammen eignet sich *Kairos* hingegen besonders gut.

Wenn wir über die Reise von Zwillingsflammen sprechen, geht es auch um die Rolle unseres Egos innerhalb der Beziehung. Wir können unser Ego weder ignorieren noch abwerten. Es existiert, weil wir existieren: Wir brauchen unser Ego dafür, wie wir über uns denken, welchen Platz wir in dieser Welt einnehmen, was wir zu verdienen glauben.

Selbstvertrauen und Ego sind eng miteinander verbunden. Manchmal ersetzt das eine das andere, idealerweise arbeiten sie aber zusammen, ohne zu konkurrieren, sich übermäßig aufzuspielen oder sich gar gegenseitig abzuwerten. Wenn wir im Gleichgewicht sind, kennen wir unseren Wert, ohne uns über andere zu stellen. Ein gesundes Ego-Gleichgewicht heißt, zu wissen, was uns zusteht, aber auch, was anderen und der Welt von unserer Seite zusteht.

Die Prüfungen, die Zwillinge in dieser Zeit erleben, sind keineswegs belanglos. Sie dienen nicht nur dazu, zu sehen, ob wir über unsere karmische Liebe hinweggekommen sind, sondern sind tief in der gesunden Entwicklung unseres Egos verwurzelt. Unsere Seelenpartner- und karmischen Beziehungen können sogar zustande kommen, wenn wir totale Wracks sind, und das sind wir ehrlich gesagt alle irgendwann. Bei unserer Zwillingsflammenbeziehung funktioniert das so nicht: Wir gehen sie erst ein, wenn wir wirklich geheilt, gewachsen und in der Lage sind, uns für immer zu verpflichten.

Oft vergessen wir, dass ewige Liebe nichts mit einer herkömmlichen Beziehung zu tun hat. Wir erkennen diese ewige Liebe, lange bevor wir mit unserem Zwilling zusammenziehen oder irgendeine offizielle Verpflichtung eingehen. Wir lernen, dass weder der wunderschöne Diamantring noch das Stück Papier, das uns zu Mann und Frau erklärt, ewige Liebe garantieren, sondern die Gefühle, die wir einfach nicht loswerden – egal, wie sehr wir uns bemühen.

Es ist die Art von Liebe, die allen Widrigkeiten zum Trotz immer wieder auftaucht. Es ist dieser besondere Zauber, der Zwillingsflammen zu dem macht, was sie sind. Und in gewisser Hinsicht ist es auch die Gefahr, verletzt zu werden, die diese Liebe so unglaublich macht.

Stella liebte die Liebe, daran bestand kein Zweifel. Wir hatten mehrere Jahre miteinander gearbeitet, und sogar in ihren schlimmsten Momenten sagte sie: »Ich glaube aber immer noch daran, ich glaube nicht nur an die ewige Liebe, sondern auch an den einen für mich bestimmten Menschen.« Unzählige Male wurde ihr das Herz gebrochen, doch sie stand immer wieder auf, fest davon überzeugt, schon bald ihrer Zwillingsflamme zu begegnen.

Entsprechend überrascht war ich, dass Stella sie dann doch nicht wollte, als sie sie endlich traf.

Stella lernte Anthony im Laufe eines Sommers kennen, und wie so oft bei Zwillingsflammen entwickelten sich die Dinge sehr rasch. Sie konnten offen miteinander umgehen und sprechen und planten sogar schon eine Reise nach Übersee im Herbst. Es hatte klick gemacht, und sie wusste, dass er der *Eine* für sie war – »ihr Hummer«, wie sie ihn nannte, weil diese Spezies ein Leben lang zusammenbleibt.

Doch als Anthony berufsbedingt sechs Monate an einen anderen Ort ziehen musste, geriet Stella ins Wanken.

Ich erinnere mich noch, wie sie weinte und sagte: »Ich bin erledigt, das war's, es war großartig, aber ich kann das nicht, ich will das nicht.« Nach dieser romantischen Zeit war eine Fernbeziehung für sie unvorstellbar. Manchmal lernen wir jedoch, dass wir eine Erfahrung auch gegen unseren Willen machen müssen. An jenem Abend unterhielten Stella und ich uns eingehend über Hingabe und Vertrauen. Ich sagte zu ihr: »Wie schmerzlich wird es tatsächlich sein, es zu versuchen? Ihm gerade jetzt zu vertrauen, wenn er sicher ist, dass es funktionieren kann? Wenn du um jeden Preis ein gebrochenes Herz haben willst, was macht es für einen Unterschied, ob es in sechs Monaten passiert oder heute Abend?« Widerwillig stimmte sie mir zu, ließ sich auf das Wagnis ein und bemühte sich, ihm so gut wie möglich zu vertrauen.

Es war nicht leicht, und es gab viele Momente, in denen sie kurz davor war, das Handtuch zu werfen, aber sie hielt durch.

Soeben haben sie den zweiten Jahrestag ihrer ersten Begegnung gefeiert und sind glücklicher und erfüllter, als sie es jemals für möglich gehalten hätten. Beide haben gelernt, dass Hingabe und Vertrauen keine einmalige Angelegenheit sind, sondern in einer Beziehung ständig geübt werden müssen. Das hat nicht nur zu einer tieferen Verbundenheit geführt, sondern auch zu größerer Gelassenheit, was die Zukunft betrifft.

Auf unserer Liebesreise lernen wir, dass die Gefahr, verletzt zu werden, wächst, je größer die Liebe ist. Denn wir nehmen gar nicht wahr, was für eine unglaubliche Auszeichnung eine solch einmalige Liebe ist, wenn sie uns nicht auch in die Knie zwingen kann. Obwohl sich diese Liebe mit nichts anderem vergleichen lässt, verlangt sie ein echtes Bekenntnis zu uns selbst, damit wir tatsächlich bleiben, uns blicken lassen und die Arbeit erledigen, die diese Verbindung von uns verlangt, wie mühsam es auch sein mag.

Vor diesem Hintergrund gewinnt der Spruch an Bedeutung, dass manche Liebe jedes Hindernis überwinden kann. Dass wahrer Liebe nichts in die Quere kommen kann, auch nicht wir selbst, denn der Versuch, vor unserer Zwillingsflamme zu fliehen, ist im Grunde der Versuch, vor uns selbst zu fliehen.

Dieses Mal ist es unbedenklich, Vertrauen zu haben. Es ist unbedenklich, unsere Mauern für die Liebe niederzureißen.

DIE LEKTION

Wenn sie echt ist, endet sie nie

Die Liebe zeigt ihr wahres Gesicht im Laufe der Zeit, durch vielfache Hindernisse, Herausforderungen und auch durch Schmerzen. Nach ein paar Monaten oder einem Jahr ist es einfach, zu sagen: »Ich werde dich immer lieben.« Eine ganz andere Nummer ist es, tatsächlich dranzubleiben, auch wenn es hinreichende Gründe gibt zuzumachen, den Riegel vorzuschieben und den Schlüssel von sich zu schleudern. Echte Liebe endet nie, sie schwankt nie und scheitert nie.

Doch nur weil Liebe nicht scheitert, gilt das noch lange nicht für uns Menschen.

Zwillingsflammen sind nicht nur unglaublich, sondern auch unverwüstlich: Weil man uns aber so oft das Herz gebrochen hat, müssen wir das selbst noch herausfinden, und erkennen es auch erst mit der Zeit. Es geht darum, zu erkennen, dass Liebe nie aufhört, egal wie viele schlechte Tage wir haben, ob wir in Selbstsabotage oder verletzendes Verhalten zurückfallen und wie sehr wir zweifeln. Wir müssen uns für diese Liebe erwärmen und erleben, dass sie, genau wie diese Person, nicht verschwinden wird.

Inzwischen haben wir erfahren, dass Liebe nicht wie erwartet hübsch verpackt daherkommt, dass sie nicht mit dem übereinstimmt, was wir – oder unsere Familie – für uns erträumt haben, und dass sie uns niemals bitten wird, unsere Persönlichkeit aufzugeben, um zu funktionieren. Trotzdem kommt sie. Zwillingsflammen nennt man unsere ewige Liebe, weil nichts diese Liebe zerstören oder aufheben kann. Es ist eine Liebe, die immer schon da war. Wir sind es, die sich auf den langen Weg begeben müssen, um das zu verstehen.

In der Wirklichkeitsphase dieser Liebe werden wir einander verletzen. Und Zwillinge wissen ganz genau, wohin sie das Messer stoßen müssen. Sie wissen, welche Wunde bluten muss, um unser Wachstum zu fördern. Sie werden uns den Spiegel vorhalten, auch wenn wir nicht hineinblicken wollen. In dieser Phase beginnen wir außerdem, zu verstehen, dass Liebe noch größer ist, als wir bisher geahnt haben.

Liebe ist magisch. Wahrscheinlich ist sie für viele von uns die Möglichkeit, mit echter Magie in Berührung zu kommen. Jene Gefühle von Verzücktheit und Verbundenheit bedeuten allerdings nicht, dass es in der Liebe niemals skrupellos zugeht. Liebe ist magisch, weil wir hart daran gearbeitet haben, sie dazu zu machen: Weil wir uns geheilt und unsere wahren Überzeugungen ans Licht gebracht haben – über uns und die Liebe.

Das heißt unsere Überzeugungen in Bezug darauf, was Verpflichtung ist, wer wir sind und sogar, was Liebe für uns bedeutet.

Unsere Definition von ewiger Liebe

Manchmal gilt es, das zu tun, was uns richtig erscheint. Auch wenn wir noch so gebildet sein mögen, träumen viele von uns sogar in dieser Lebensphase noch immer von der konventionellen Liebe. Bei dem Ausdruck »ewige Liebe« kommen uns weiße Kleider, Ringe und eine romantische Trauung in den Sinn. Wir stellen uns monogrammbestickte Handtücher und Doppelwaschbecken vor. Nach allem, was wir durchgemacht haben, und obwohl wir begriffen haben, dass diese Person, unsere Zwillingsflamme, nirgendwohin gehen wird, fallen wir unvermeidlich in traditionelle Vorstellungen zurück.

Die Lektion der Zwillingsflammenliebe besteht darin, unser bisheriges Verständnis von ewiger Liebe aufzugeben. Sie besteht darin, endgültig mit Konventionen zu brechen und die Liebe selbst als schillerndes Band zwischen zwei Seelen zu betrachten.

Erst dann erkennen wir vielleicht, dass die Liebe nicht unbedingt so ist, wie wir sie uns bislang ausgemalt haben. Die Gesellschaft löst sich gerade etwas von den traditionellen Liebesforme(l)n, von der Liebe als Einheitsgröße, in die wir uns notgedrungen zwängen müssen, wenn wir einen Lebenspartner finden und glücklich sein wollen. Trotzdem wird es nicht leichter: Weil wir weiterhin mit Fotos von Traumhochzeiten bombardiert werden, wenn wir uns vom Markt abmelden, und weil wir alle darauf programmiert wurden, »ewig« mit »traditionell« gleichzusetzen. Auch wenn wir vielleicht bewusst keinen Partner gewählt haben, der die gängigen sozial akzeptierten Voraussetzungen erfüllt, müssen wir nun herausfinden, was »ewige Liebe« für uns wirklich bedeutet.

Zwillingsflammen pfeifen auf kulturelle Normen.

Claudia und Ray lernte ich kennen, nachdem sie in vorgerücktem Alter zusammengekommen waren und sich fragten, was nun ihr nächster Schritt sein könnte. Sie hatten gemeinsam eine holistische Schule in Vermont eröffnet, wo sie nicht nur ihre jeweiligen Familien zusammenführen, sondern auch ihrer Berufung nachgehen konnten. Obwohl sie also eine Möglichkeit gefunden hatten, ihre Liebe mit der Welt zu teilen, fiel es ihnen schwer, ihr Miteinander für sich und andere zu definieren.

Sie waren beide bereits verheiratet gewesen und hatten keine Lust auf eine weitere traditionelle Trauung. Nichts zu tun schien ihnen aber auch unangemessen. Sie wollten ihre Reise und den Prozess, den sie erfolgreich durchlaufen hatten, auf eine besondere Art feiern, die sich für sie richtig anfühlte.

Nach intensiven Gesprächen über mehrere Monate hinweg beschlossen sie, dass ihre Kinder sie in einer von ihnen selbst ausgedachten Zeremonie miteinander verbinden sollten. Diese fand im Spätsommer statt, auf einem Hügel im Freien. Claudia trug ein violettes Kleid, und ihre und Rays Kinder baten das Paar, nicht nur zu versprechen, einander zu lieben, sondern auch sie, also beide Familien.

Es ist nicht das Stück Papier, das die »ewige Liebe« garantiert. Auch nicht der Ehering oder gar das gemeinsame Ehebett. Die ewige Liebe ist da, weil sie nicht anders kann. Weil wir herausgefunden haben, dass es unter den unzähligen Menschen auf diesem Planeten nur einen gibt, ohne den wir nicht sein wollen oder auch können.

Die Sache mit der Unbedingtheit klingt oft beängstigend, besonders weil oft so locker dahingesagt wird: »Ich kann nicht ohne dich leben.« Aber was ist, wenn wir »kann nicht« durch »will nicht« ersetzen? Was, wenn wir erkennen würden, dass es uns miteinander nicht nur besser geht, sondern dass auch unsere Leben besser werden?

Wir alle brauchen jemanden

Um uns einzugestehen, dass wir ohne eine bestimmte Person nicht leben wollen, müssen wir zwei Dinge verstehen: Wer wir sind, und was wir von einem Partner benötigen. Und genau dieses Bewusstsein erlangen wir erst, wenn wir uns auch durch alles, was dem vorausging, durchgearbeitet haben.

Anders als bei unserer Seelenpartnerliebe, die wir erlebt haben, bevor man uns das Herz gebrochen hat, fürchteten wir uns inzwischen davor, zu sagen: »Ich brauche dich.« Wir zögerten, zu denken oder auszusprechen, dass wir in Gegenwart einer speziellen Person glücklicher waren. Wir sträubten uns gegen Aussagen wie »Ich vermisse dich, wir haben uns viel zu lang nicht mehr gesehen«, weil wir im Laufe des Lebens ängstlicher geworden sind. Wir wollten nicht als das berüchtigte »hilfsbedürftige« Mädchen gelten, zumal niemanden zu brauchen heutzutage ziemlich angesagt zu sein scheint.

Dieses Konzept von »Ich brauche dich nicht, aber ich will dich« ist gewissermaßen aus seinem ursprünglichen Kontext gerissen worden.

Um wirklich wahrzuhaben, dass es sich bei dieser Liebe um ewige Liebe handelt, um zu akzeptieren, dass diese Person nirgendwohin geht, müssen wir unserem Geliebten auch offenbaren, dass wir ihn brauchen. Wir dürfen das nicht als Schwäche betrachten, sondern als Bewusstheit. Und vor allem müssen wir verstehen, dass jemanden zu brauchen nicht gleichbedeutend damit ist, selbst wertloser zu sein.

Jemanden zu brauchen bedeutet vielmehr, dass derjenige etwas in unserem Leben ausfüllt wie kein anderer. Dass derjenige etwas auf den Tisch bringt, wie es bisher keiner getan hat. Es mag sich um etwas Konkretes handeln, dass er uns in unserem Leben unterstützt beispielweise. Im Fall von Zwillingen könnte es aber auch bedeuten, dass er uns ein nie gekanntes Verständnis entgegenbringt. Vielleicht fühlt es sich an, als helfe er uns, unsere Mitte zu finden, als halte er uns auf Kurs oder als seien wir in seiner Gegenwart mehr *wir selbst*.

Genau dafür brauchen wir die Prüfungen und den Schmerz in der Wirklichkeitsphase: Auch wenn es in den dritten Liebesgeschichten durchaus vorkommen kann, dass die Partner schnell zueinanderfinden und sich nie mehr trennen, müssen wir meist erst eine Weile auf uns allein gestellt sein, um zu begreifen, wie der andere unser Leben bereichert.

Tatsächlich können wir uns erst dann auf eine Beziehung einlassen, wenn wir erkennen und uns eingestehen, dass wir jemanden brauchen.

Häufig erzähle ich Klientinnen, dass wir nicht auf diese Welt kommen, um uns isoliert von allen anderen allein durchzuschlagen. Wir brauchen unsere Eltern oder andere Bezugspersonen, die für uns sorgen – in körperlicher wie auch in emotionaler Hinsicht –, um zu überleben und aufzuwachsen. Wir brauchen Freund*innen, Geschwister und auch Kolleg*innen, mit denen wir uns austauschen können und die uns das Gefühl vermitteln, dass uns jemand unterstützt und den Rücken frei hält. Wir brauchen sogar unsere

Angestellten oder Kund*innen, um unsere Karriere oder unser Geschäft voranzutreiben und finanziell abgesichert zu sein. Wir brauchen den Mechaniker, der unser Auto repariert. Wir brauchen andere Menschen, weil niemand dazu bestimmt ist, ganz allein durchs Leben zu gehen, auch wenn es zweitweise möglich ist.

Trotz alledem haben wir Angst, unserem Geliebten zu sagen, dass wir ihn brauchen.

Ich selbst kann das nur zu gut verstehen. Nachdem man mir so oft das Herz gebrochen hatte, entwickelte ich eine Abneigung gegen das Gefühl, jemanden zu brauchen, und legte mir den Panzer einer ultraunabhängigen Kriegerbraut an. Ich stellte immer als Erste klar: »Ich brauche dich nicht, aber ich will dich.« Bis ich darüber nachzudenken begann, was das bedeutete, und mich fragte, ob ich wirklich ehrlich zu mir war.

Zudem hat ein Perspektivwechsel stattgefunden. Noch vor ein paar Jahrzehnten war eine Frau meist finanziell auf einen Mann angewiesen, doch das hat sich rapide geändert. Und seit wir nicht mehr im herkömmlichen Sinn versorgt werden müssen, hat sich auch der Blick darauf verändert, was »einen Partner brauchen« bedeutet.

Für mich lief es auf all das hinaus, was ich mir nicht selbst kaufen oder besorgen konnte. Brauche ich einen Mann, der mir den nächsten Urlaub bezahlt? Nein. Brauche ich dagegen einen Partner, der mich am Abend im Arm hält? Ja. Brauche ich den Mann in meinem Leben, der mich beschützt und bei meinen Träumen unterstützt? Ja.

Ich erkannte, dass ich zwar weiterhin unabhängig sein konnte – also weiterhin die wilde Kämpferbraut –, aber zugleich einen Mann brauchte, mit dem ich das Leben teilen konnte.

Es hört sich an, als würden wir sagen, wir seien abhängig vom anderen. Dabei erkennen wir in Wahrheit an, welchen Wert er unserem Leben verleiht. Wir geben zu, dass wir allein für unser Glück, unser Selbstwertgefühl verantwortlich sind, aber zugleich auch fröhlicher, wenn er in unserer Nähe ist.

Indem wir sagen, dass wir unseren Geliebten, unsere Zwillingsflamme, brauchen, sagen wir auch: »Ja, ich bin fantastisch, mein Leben ist fantastisch, aber du machst es noch besser.« Wir sagen: »Ja, ich bin vollständig, genau wie du, doch zusammen sind wir stärker, glücklicher, erfüllter als ohne einander oder mit jemandem, der uns nicht versteht oder inspiriert.«

Es ist in Ordnung, jemanden zu brauchen. Es ist in Ordnung, unsere Zwillingsflamme sowohl zu wollen als auch zu brauchen. Es macht uns nicht schwach, es hört sich nicht kindisch an. Tatsächlich vermittle ich meinen Klientinnen: Wenn wir keinen Geliebten brauchen, warum ist er dann überhaupt in unserem Leben? Es gibt Milliarden von Menschen auf dieser Welt, aber eben keine Milliarden von Menschen, mit denen wir uns verbinden könnten, bei denen wir das Gefühl hätten, dass zwei Seelen aufeinandertreffen, die einander schon kennen.

Menschen sind nicht austauschbar. Wenn wir also jemanden kennengelernt haben, bei dem wir das Gefühl haben, ihn in unserem Leben zu brauchen, warum auch immer, dann ist das in Ordnung.

Keine Liebe ist besser als eine andere

Alles ist zyklisch, hängt miteinander zusammen und bezieht sich auf eine vorangegangene Lektion.

Wir können die ewige Liebe erst verstehen, wenn wir verletzt wurden und uns eingestehen, dass wir jemanden brauchen. Und leider klappt es eben nicht, irgendjemanden in die Rolle des Ehepartners oder Lebensgefährten zu stecken und zu erwarten, dass daraus etwas Erfüllendes oder Bedeutsames entsteht. Hinsichtlich unserer Lieben hängen wir oft dem Irrglauben an, dass eine besser sei als eine andere. Wir behaupten, unsere Seelenpartnerliebe sei schon gut gewesen, aber unsere Zwillingsflammenliebe sei nun die beste. Wir glauben, dass die ewig andauernde Liebe grundsätzlich besser sei als die, die nur wenige Monate gehalten hat.

In Wirklichkeit ist keine Liebe besser als eine andere, weil sie sich nicht auf diese Art bemessen oder werten lässt.

Wir sagen: »Ich liebe dich so sehr.« Doch dieses *sehr* lässt sich nicht genau beziffern, da für die Liebe, die wir empfinden, keine Messgröße existiert. Wir sagen, dass eine Liebe besser sei als die andere, und meinen damit, dass wir erfüllter, glücklicher, erfolgreicher, mehr mit uns im Reinen sind oder auch fantastischeren Sex haben. All das bedeutet aber weder, dass eine Liebe besser war als eine andere, und noch weniger, dass ein Liebhaber besser war als ein anderer.

Zwillingsflammen sollen einander etwas über sich selbst beibringen. Wir sollen einander wachrütteln, um eine bessere Version unserer selbst zu sein, achtsamer, bewusster und ehrlicher in Bezug auf unsere Sehnsüchte und Wünsche. Wenn wir also manchmal sagen, es fühlt sich an wie die beste Liebe, dann meinen wir eigentlich, dass wir in dieser Liebesbeziehung unser bestes Selbst sind. Es ist die Liebe, die scheinbar am besten zu uns passt, auch wenn wir sie vorher nie in Betracht gezogen haben.

Es ist die Liebe, die mich inspiriert, die mich dazu auffordert, zu wachsen und ehrlich zu mir zu sein. Es ist die Liebe, die es mir nicht durchgehen lässt, den immer gleichen alten Mist zu verzapfen. Sie bringt mich dazu, mich verbessern beziehungsweise besser sein zu wollen. Deshalb halten wir diese Liebe für besser, obwohl sie uns de facto dabei hilft, selbst ein besserer Mensch zu werden.

Wenn wir spüren, dass wir uns zu unserem besten Selbst entwickeln, scheint es, als tauchten wir aus einem Nebel auf. Endlich können wir uns aus den uns einengenden, festgefahrenen Mustern lösen und nicht nur die Liebe und die Welt, sondern – am allerwichtigsten – auch uns selbst klarer sehen. Zu unserem bestmöglichen Selbst zu erwachen ist, als würden wir erst jetzt bemerken, dass wir stets das Gepäck anderer Menschen herumgeschleppt und uns damit unnötig belastet und eingeschränkt haben.

Wir haben Mauern errichtet um all das, was wir zu sein glaubten oder was uns vermeintlich zustand, um unsere Fähigkeiten und sogar um unsere Art zu lieben – schlicht und einfach deshalb, weil wir uns nur durch die Brille anderer gesehen haben.

Dank unserer Zwillingsflammenliebe erkennen wir uns endlich selbst, sowohl unsere wundervollen Seiten als auch die Bereiche, in denen wir noch wachsen müssen. Wir sehen uns nicht mehr durch die Augen unserer Eltern, Freund*innen oder der Gesellschaft, sondern nehmen unsere Essenz wahr: die Person, als die wir auf die Welt gekommen sind, bevor wir die Zweifel und Überzeugungen anderer übernommen haben.

Als Sofia mich kontaktierte, lebte sie mit ihrer Zwillings-flamme Felipe zusammen. Sie hatte all ihre anderen Lieben hinter sich und sich Gedanken darüber gemacht, was diese Reise durch ihre verschiedenen Beziehungen zu bedeuten hatte. Nun wünschte sie sich mehr Klarheit darüber, in welche Richtung sie die Beziehung zu Felipe lenken sollte.

Zu Beginn unserer Sitzungen schilderte sie ihre erste Liebe, also ihren Seelenpartner, als netten Typen, die Beziehung aber als ziemlich mies. Ihre zweite karmische Liebe beschrieb sie als schrecklich. Auf meine Frage, warum sie so negative Adjektive benutzte, antwortete sie schlicht, dass es so unangenehme Erfahrungen gewesen seien. Ich fragte: »Heißt das wirklich, dass es mit Felipe irgendwie ›besser‹ ist? Oder nur gesünder, harmonischer?«

Sofie zögerte, und ich erklärte ihr, dass sich in der Natur, in der göttlichen Welt, alles im Gleichgewicht zwischen Positivem und Negativem befindet. Je nachdem, wie wir es betrachten wollen, nennen wir es entweder gut oder schlecht. Ich fragte sie auch: »War mit deinem Seelenpartner oder deiner karmischen Liebe wirklich alles schlecht? Gab es gar keine guten Zeiten, hast du keine guten Erinnerungen an sie?«

»Doch, natürlich«, räumte sie ein.

Ich wies sie darauf hin, dass die Beziehung mit Felipe nicht unbedingt besser sein müsse. Wahrscheinlich erlebe sie die Liebe jetzt einfach anders.

Irgendwann begreifen wir, dass keine Liebe besser ist als eine andere, dass jede geschehen musste unabhängig davon, ob es lediglich drei Beziehungen waren oder wir auf eine so lange Namensliste blicken, dass wir uns kaum an jeden Einzelnen erinnern können. Wir begreifen, dass wir nur aufgrund all unserer verschiedenen durchlebten Liebesgeschichten zu denjenigen wurden, die wir in *diesem* Moment sind. Unsere Zwillingsflamme ist jedoch die, die uns dazu anspornt, unser bestes Selbst zu werden. Sie hilft uns, zu genesen, und offenbart, was Liebe wirklich ist.

Diese Verbindung reißt alle noch verbliebenen Mauern oder falschen Ideologien ein, damit wir endlich zur Essenz zurückfinden. In dieser Phase wird uns daher klar, dass wir den anderen nicht einfach nur so brauchen: Wir brauchen ihn, um unser bestes Selbst zu werden und ewig zu sein.

Ewige Liebe bedeutet nicht ewiges Glück

Wir müssen unsere Zwillingsflamme nicht heiraten.

Nicht einmal eine herkömmliche Beziehung müssen wir mit ihr führen, und dennoch brauchen wir sie. Wir brauchen sie, um zu unserem besten Selbst zu werden und weiterhin zu wachsen – was auch immer das künftig bedeuten mag –, sodass wir »unser bestes Leben«, das überall als Hashtag auftaucht, tatsächlich leben können. Wir brauchen unsere Zwillingsflamme, damit sie uns zur Verantwortung zieht, uns triggert und davon abhält, es uns zu leicht zu machen oder Ausflüchte zu erfinden.

Ob wir sie Zwillingsflamme nennen oder nicht, ändert nichts an der Tatsache, dass erst unsere dritte Liebe uns darin bestärken wird, uns selbst ewig zu lieben.

In dem Film »La La Land« von 2016 verkörpert der Schauspieler Ryan Gosling Sebastian, einen aufstrebenden Jazzmusiker, an der Seite von Mia, einer sich abmühenden Schauspielerin, dargestellt von Emma Stone. In ihrer sich langsam entwickelnden Liebesgeschichte führt der Zufall die beiden immer wieder zusammen. Doch auch als sie bereits ineinander verliebt sind, ist ihnen klar, dass das noch lange kein Freifahrschein ist.

Obwohl sie sich dank ihrer gemeinsamen Träume und Ambitionen gefunden haben, erkennen sie bald, dass sie mehr als nur einander brauchen, um ihre Liebe auch Wirklichkeit werden zu lassen. Dass das Leben ihnen immer wieder Steine in den Weg legen wird und sie sich nicht nur für ihre Karrieren entscheiden müssen, sondern auch stets aufs Neue füreinander, damit ihre Liebe Bestand hat. Doch um sich für jemand anderen zu entscheiden, muss man sich erst selbst kennen und begreifen, dass die perfekte Liebe nicht existiert. Dafür gibt es die Liebe, die nie aufgibt, wie es Sebastian einmal sinngemäß formuliert: »Es bedeutet Auseinandersetzung und Kompromiss, und es ist einfach ... es ist jedes Mal wie neu.« Damit bringt er die Zwillingsflammenbeziehung und die Reise zur ewigen Liebe perfekt auf den Punkt.

Da Auseinandersetzungen unausweichlich sind, sowohl mit unserem Geliebten als auch mit uns selbst, gilt es, Kompromisse zu schließen. Zugleich ist da aber dieses ganz Neuartige: das Gefühl nie versiegender Liebe. Dieses Gefühl, das uns wieder an die Liebe glauben lässt.

Diese Magie.

Die ewige Liebe ist so viel mehr als das bloße »Glücklich bis ans Ende«. Es geht unter anderem darum, Erkenntnisse zu gewinnen, zu lernen und eine so tiefe Selbstliebe in uns zu verwurzeln, dass uns nichts anderes übrig bleibt, als uns für den Partner zu entscheiden, der uns auf ähnliche Weise liebt. Diese Selbstliebe hat vielleicht vor einer Million Jahren ihren Anfang genommen, als unser Seelenpartner uns zum ersten Mal das Herz gebrochen hat. Sie hat angefangen, als wir erkennen mussten, dass das Leben anders verlaufen kann als erwartet und dass wir vielleicht doch noch nicht alles durchdrungen haben.

Selbstliebe zu entwickeln ist ein Prozess, ebenso wie das Kennenlernen aller Einzelheiten der bedingungslosen Liebe füreinander. Aber bevor wir sie unserer Zwillingsflamme darbieten, müssen wir sie uns erst selbst schenken.

Manche Menschen halten das für Blödsinn. Sie glauben nicht, dass wir uns selbst lieben müssen, um geliebt zu werden (denke dir hier ein Augenrollen dazu). Es ist allerdings ein großer Unterschied, ob man einfach nur geliebt oder ob man auf gesunde Art geliebt wird. Es gibt einen Unterschied zwischen der Liebe einer flüchtigen Affäre und der, die beim Blick in deine Augen weiß, wie du dich fühlst. Die Liebe, die von dir verlangt, dass du etwas für sie tust, unterscheidet sich grundlegend von der Liebe, die sich zeigt, bevor du überhaupt darum gebeten hast.

Also nein: Du musst dich nicht selbst lieben, um geliebt zu werden, durchaus aber, um diese dritte Liebe zu finden. Sonst wirst du – aus Mangel an einer besseren Erklärung – weiter mit Idioten ausgehen, die dir das Herz brechen.

Das wahre Geheimnis, um unsere Zwillingsflamme zu finden, liegt darin, zu lernen, uns selbst bedingungslos zu lieben.

Diese Reise kann ein paar Jahre dauern, vielleicht auch ein ganzes Leben. Sie besteht im Entschlüsseln unserer selbst, im Vergessen all des Schwachsinns darüber, wer wir zu sein und was wir zu erwarten haben, im Loslassen des Körperbilds, das sich von klein auf in unseren Köpfen verankert hat. Zu lernen, uns selbst wirklich zu lieben, bedeutet, zu verstehen, dass die Liebe einer anderen Person niemals unseren Wert bestimmen kann. Zu verstehen, dass wir vielleicht jemanden brauchen, aber sicher niemanden, der uns definiert. Es ist nicht die Aufgabe dieser Person, unsere Leerstellen auszufüllen oder Unsicherheiten zu kaschieren. Es ist auch nicht ihre Aufgabe, uns so sehr zu lieben, dass unser Mangel an Selbstliebe verschwindet.

Im Verlauf dieser Reise wird uns klar, dass wir nie auf der Suche nach der besten Liebe oder Beziehung waren, wohl aber auf der Suche nach unserem besten Selbst.

Das Problem war weniger, dass unsere Ex-Partner uns nicht genug geliebt haben, sondern dass es bei uns selbst nicht gereicht hat: Wir haben uns nicht genug geliebt, um zu gehen, wenn sich der Zerfall schon deutlich abzeichnete; nicht genug, um einen Bogen um »Mr. Emotional Unzugänglich« zu machen; und nicht genug, um auf dem zu bestehen, was wir wahrlich verdient haben. Wir haben uns also für Lektionen entschieden, für Schmerz und Chaos. Auch in der Prüfungsphase unserer dritten Liebe sind wir womöglich noch dabei, zu lernen, uns bedingungslos zu lieben.

Wir müssen lernen, keine Bestätigung durch andere zu benötigen, selbstbewusst und überzeugt von uns und unseren Vorhaben zu sein, für uns einstehen zu können und zu begreifen, dass wir ohne Wenn und Aber geliebt werden, sobald wir diese Selbstliebe wirklich in uns spüren und praktizieren.

Doch wir mussten erst all das durchstehen, um diesen Punkt zu erreichen. Wenn du das hier also liest und erkennst, dass du immer noch dabei bist, dann ist das großartig. Es ist großartig, dass du dich auf dieser Reise befindest, dass du es dir nicht leicht gemacht hast und dich heute Abend nicht zu irgendjemandem legst, nur um etwas Körperwärme zu spüren, zu jemandem, der dich nicht wirklich in deinem Wachstum unterstützt. Es ist großartig, dass du erkennst, dass keine Liebe besser ist als eine andere, sondern nur die, die dir hilft, eine bessere Version deiner selbst zu werden. Vielleicht ist es zu einfach, zu sagen, dass wir unsere Partner auf der Basis unseres Selbstgefühls wählen. Aber wir wählen Liebhaber auch aufgrund dessen, wie wir uns selbst fühlen *wollen*, was ein großer Unterschied ist. In einem frühen Stadium unserer Liebesreise wählen viele von uns ihren Seelenpartner und ihre karmische Leidenschaft, weil sie unsere Verletzungen fortführen und unsere Abhängigkeit nähren. Sie erweitern die Konditionierung, mit der wir aufgewachsen sind, und spiegeln unseren jeweiligen geistigen und emotionalen Standort wider.

Doch im Laufe dieser Erfahrungen haben wir uns verändert, sind gewachsen – oder noch dabei – und haben es nicht mehr nötig, mit Männern auszugehen, die uns sitzen lassen, bloß weil unser Vater uns verlassen hat, als wir klein waren. Und wir haben es nicht nötig, jenen Barkeeper mit nach Hause zu nehmen (auch wenn er süß ist), nur aus Angst davor, allein inmitten unserer Katzen zu sterben.

Jane, eine unglaublich kreative und reflektierte Frau, nahm Kontakt zu mir auf, weil ihre Zwillingsflammenbeziehung sie verwirrte. Bei unserem ersten Gespräch stellte sich heraus, dass sie ihren Zwilling schon einige Jahre kannte. Beiden war klar, dass sie Zwillingsflammen waren, bisher hatten sie es jedoch noch nicht geschafft, wirklich zusammenzukommen.

Stattdessen führten sie eine Art Nichtbeziehung: Aufgrund ihrer jeweiligen Reise und weil sie in unterschiedlichen Staaten lebten, waren sie physisch getrennt, hatten sich aber beide dazu verpflichtet, nicht anderweitig sexuell intim zu werden, solange sich das richtig anfühlte. Sie sprachen oft miteinander und sahen sich alle paar Monate.

Doch dann wurde Jane unruhig. Sie begann, sich für einen der Männer zu interessieren, mit denen sie regelmäßig surfte. Als sie das Gefühl hatte, auf der Kippe zu stehen, rief sie mich an: Sollte sie ihrer Zwillingsflamme verpflichtet bleiben oder sich auf den süßen Surfer einlassen? Wir unterhielten uns über Muster und Zyklen. Sie meinte, vor zwei Jahren hätte sie ihn noch mit nach Hause genommen, ohne groß darüber nachzudenken, weshalb schon dieses Gespräch an sich einen anderen Zyklus markierte.

Nach einigen weiteren Gesprächen gab Jane zu, dass sie keine Fernbeziehung mehr wollte und sich Verbindlichkeit von ihrer Zwillingsflamme wünschte, da er ihr wirklich viel bedeutete. Statt also mit dem süßen Surfer ins Bett zu gehen, offenbarte sie sich ihrem Zwilling und entwarf mit ihm einen Plan.

Damit unterbrach Jane erstmals ihren Zyklus des Weglaufens, wenn es schwierig wurde: Die Verbindung mit ihrer Zwillingsflamme war es ihr wert, stärker an sich zu arbeiten.

Auf diese Art helfen Zwillingsflammen – im Gegensatz zu allen anderen Beziehungen – einander beim Wachsen.

Erst wenn wir uns auf unsere Zwillingsflamme einlassen und zu dieser bedingungslosen Liebe erwachen, werden wir auch einen Partner wählen, der uns das zurückspiegelt. Zwar ähnelt das den bereits gelernten Lektionen, bei denen es darum ging, was wir wert sind und was uns zusteht, doch ist dieser Baustein der Selbstliebe das letzte fehlende Teil. Denn nur die Liebe, die wir uns zuvor selbst geschenkt haben, können wir von jemand anderem annehmen.

Wir werden erst dann in der Lage sein, bedingungslose Liebe von unserer Zwillingsflamme anzunehmen, wenn wir sie uns selbst geschenkt und erfahren haben, wer wir sind – unabhängig von einem Partner, von unseren Ängsten, Unsicherheits- oder Einsamkeitsgefühlen. Denn erst dann haben wir uns wirklich mit unseren Dämonen konfrontiert und sind stärker daraus hervorgegangen.

Wenn wir so weit gekommen sind, entwickelt sich eine völlig neue Dynamik dadurch, dass wir unsere Zwillingsflamme brauchen. Wir erkennen an, welchen Wert sie für unser Leben hat und wir für ihres.

Es geht darum, zu lernen, dass eine Liebe niemals besser war als eine andere, dass absolut niemand uns dabei helfen kann, uns zu unserem besten Selbst zu entwickeln. Und dass die Aussage, eine bestimmte Liebe sei die beste, im Grunde bedeutet: Das ist die Liebe, die uns das Gefühl gibt, unser bestes Selbst sein zu können. Wir wählen die Menschen, die Partnerschaften und die Beziehungen, die entweder dazu beitragen, dass wir unsere Verletzungen weiter pflegen, oder die uns helfen, zu heilen und zu unserem besten Selbst zu werden. Wir wählen die Menschen, mit denen wir einen Zyklus weiterführen oder einen neuen beginnen können.

Niemand kommt bereits mit dem Wissen zur Welt, wie man sich selbst liebt oder was es heißt, eine gesunde Beziehung zu wählen. Und auch wenn das vielleicht nicht für jeden von größter Bedeutung ist, wächst die Zahl an Menschen, denen das nicht nur bewusst ist, sondern die auch danach streben.

Bewusst wählen

Trotz alledem müssen wir uns für unsere Zwillingsflamme entscheiden.

Die interessante Dynamik liegt dabei darin, dass wir nicht entscheiden (können), wer unsere dritte Liebe ist, uns dann aber entscheiden müssen, diese Liebe auch anzunehmen, weil es sich um eine Reise zu uns handelt. Wir finden nur zueinander, weil wir bereit sind, an unserer Persönlichkeit zu arbeiten. Deshalb mögen wir unseren Zwilling zwar lieben und eine Art Dauerkontakt-Pseudobeziehung mit ihm führen. Wirklich für ihn entscheiden können wir uns aber erst, wenn wir uns für uns selbst entschieden haben.

Wenn wir wissen, was wir brauchen, was wir wollen und uns wünschen, auch, was unsere unverhandelbaren Dinge sind, und wenn wir uns selbst ganz und gar lieben können: Dann – und nur dann! – werden wir nicht lediglich den Wert unseres Zwillings erkennen, sondern uns auch für ihn entscheiden. Obwohl dieser Liebe so viel Magie, göttliches Timing und Chemie innewohnen, ist sie zugleich sehr real. So real, dass unser wirkliches Selbst erwachen muss, bevor wir unsere Zwillingsflamme überhaupt anschauen können.

Es ist der Partner, der uns unaufhörlich fordern und zugleich unbändig lieben wird.

Ein wichtiger Bestandteil dieser Herausforderung ist das unterstützte Wachstum: Besonders relevant zu Beginn dieser Reise, hört es im Grunde nie auf. Vielleicht lässt es mit der Zeit etwas nach, aber man kann sich darauf verlassen, immer jemanden zu haben, der einem nicht sagt, was man hören will, sondern, was man hören soll.

Ohne unsere Zwillingsflamme können wir nicht auf dieselbe Art wachsen, weil wir in den Bereichen, auf die wir uns am meisten fokussieren müssen, blind bleiben. Im Leben nehmen wir nur unser physisches Selbst wahr; in Zwillingsflammenbeziehungen spüren wir hingegen auch unser emotionales Selbst, die geistigen Wunden, die nur wir heilen können – nicht, weil wir niemand anderen brauchen, sondern weil kein anderer das für uns erledigen kann.

Wir können nicht wachsen, ohne gefordert zu werden und Widerstand zu erleben. Unsere Zwillingsflamme spiegelt unser Standardverhalten, unsere Konditionierung, all unsere selbstbegrenzenden Gedanken, also all die Bereiche, in denen wir uns durchsetzen und dazulernen müssen, nicht nur um wirklich zu wachsen, sondern um zu unserem besten Selbst zu werden. Blockaden halten uns davon ab, uns bedingungslos zu lieben, was wiederum verhindert, dass wir die Liebe eines anderen annehmen können. Eine Zwillingsflamme wird dich bedingungslos lieben, dir aber auch unverhohlen mitteilen: »Hey, das alles ist dein eigener Mist. Ich werde es nicht beschönigen, und ich werde nicht zulassen, dass du dich davor drückst, denn ich liebe dich. Deshalb werde ich dir helfen, dein bestes Selbst zu werden, auch wenn das Wachstum der Liebe oder Beziehung vorausgehen muss.«

Das heißt, dass wir unseren Zwilling manchmal aus der Ferne lieben müssen, während wir an uns arbeiten und er an sich, so wie es bei Jane und ihrem Partner der Fall war. Möglicherweise bedeutet das, sich vorübergehend vom anderen zu trennen, oder aber, sich auf die Reise einzulassen. Vielleicht bedeutet es, dass der andere in solchen Zeiten nicht bereit ist, sich für uns zu entscheiden, weil er zuerst noch lernen muss, sich für sich selbst zu entscheiden.

Die Liebe zueinander hängt nicht von diesen Dingen ab.

Es geht nicht nur darum, dass er den Schnee von der Auffahrt schaufelt, uns Schokolade schenkt oder unsere warme Haut im Mondschein küsst. Diese Liebe geht weit über das Körperliche hinaus zum Geistigen. Diese dritte Liebe sagt nicht »Ich liebe dich, wenn ...«, sondern eher »Ich liebe dich trotzdem.«.

Doch um so lieben zu können, müssen wir nicht nur dieser Verbindung außerordentlich vertrauen, sondern auch uns selbst. Auf meiner eigenen Zwillingsflammenreise merkte ich zum ersten Mal in meinem Leben, dass ich mich genau an diesem Punkt befand, also selbst voller Angst und Schmerz war, weil ich mich nicht von ihm oder der Liebe abwenden wollte. Ich wollte ihn nicht verlassen, und mehr als alles andere wollte ich so für ihn da sein, wie ich es immer gewesen war. Doch manchmal spüren wir, dass wir uns für eine Weile trennen sollten. Nicht, weil wir die andere Person aufgeben, sondern weil wir tief im Herzen wissen, dass sie die notwendige Arbeit an sich selbst nur dann erledigen kann, wenn sie auf sich gestellt ist. Und das Gleiche gilt für uns.

Das unterscheidet sich deutlich von der Anlauf- oder Prüfungsphase. Es geschieht meistens, nachdem wir eine Weile intensiv miteinander verbunden waren und wissen, dass wir diesen Teil allein erledigen müssen, so viel wir auch mit und durch unseren Zwilling gewachsen sind. Es gab eine Zeit, als ich meinem Geliebten am Telefon weinend versicherte, ich würde ihm zu gern bei dem, was er durchmachte, helfen. Doch ich spürte, dass ich nicht dazu bestimmt war. Es machte mir Angst, weil ich ihn liebte und unterstützen wollte. In dem Moment konnte ich ihm meine Liebe aber am besten zeigen, indem ich ihn gehen ließ, sodass er eigene Lebenserfahrungen sammeln und sich stärken konnte. Und zwar nicht, weil die Liebe an ihrem Ende war, sondern weil ihre schwierigste Prüfung manchmal darin besteht, den anderen gehen zu lassen und darauf zu vertrauen, dass man wieder zueinanderfindet, wenn es so weit ist.

Einige meiner Klientinnen hielten ihre Zwillingsflamme für eine weitere karmische Liebe, und zwar nicht, weil die Person das tatsächlich war, sondern weil sie einfache Antworten suchten und ihre schwierige Beziehung einordnen wollten, um sie dann ablehnen zu können.

Als ich Tanya kennenlernte, war sie seit fünf Jahren mit ihrer Zwillingsflamme zusammen. Ihre mit der Zeit zunehmend leidenschaftlichere Beziehung lief relativ problemlos, obwohl beide ihre eigenen Herausforderungen zu meistern hatten. Tanya wünschte sich nicht nur, dass dies ihre ewige Liebe war. Sie hatte das Gefühl, endlich am Ziel ihrer Liebesreise zu sein.

Doch dann änderte Nick sein Verhalten. Er bezweifelte, dass er genug in die Beziehung einbrachte, und glaubte, nicht mehr zu wissen, wer er sei oder wofür er brenne. In dieser schwierigen Phase trennte er sich von Tanya und flüchtete mit folgender Begründung zu einer Ex-Freundin: »Mit Julie bin ich mehr ich selbst als mit dir. Ich kann mit dir befreundet sein, aber nicht mehr.«

Tanya war am Boden zerstört und wusste zugleich, dass sie – obwohl sie Nick liebte – an seiner Seite niemals in der Lage wäre weiterzugehen. Mit diesem Mann spürte sie eine Verbundenheit, die allem widersprach, was sie bis dahin für möglich gehalten hatte. Sie akzeptierte ihn, wie er war, und liebte ihn bedingungslos, unabhängig davon, was sie durchgemacht hatten.

Während unserer darauffolgenden Gespräche wollte sie ihn als karmische Liebe abtun. Letztlich sei er wohl doch bloß eine weitere Wiederholung des Zyklus, weil sie die ihr zugedachte Lektion noch nicht gelernt hatte, vermutete Tanya. Sie suchte nach einer passenden Bezeichnung für ihn und ihre Beziehung, um damit abschließen zu können. Und kam zu der Überzeugung, dass der Begriff »Wunden-Partner« ihre Verbindung am besten beschreibe. Ein Wunden-Partner ähnelt einer karmischen Liebe, weil diese Beziehung aufdeckt, was noch geheilt werden muss. Doch oft suchen wir uns einen Wunden-Partner, um dem eigenen Wachstum auf unbestimmte Zeit zu entfliehen und unsere Wunden letztlich zu behalten. Auch wenn jede von uns unter ganz eigenen Verletzungen leidet, spielen wahrscheinlich stets Gefühle wie Vernachlässigung, Selbstwert und emotionale Zugänglichkeit eine Rolle. Wir bleiben bei einem Wunden-Partner, weil wir den Schmerz unterbewusst genießen. Den Wunden-Partner zu verlassen würde heißen, dass wir etwas Vertrautes aufgeben müssten: die verwundete Seite in uns, die sich mit der Opferrolle identifiziert.

Tanya konnte ihre Beziehung zu Nick weder mit diesem noch mit irgendeinem anderen Etikett versehen: Aufgrund ihrer tiefen geistigen Verbindung ließ er sich nicht als karmische Liebe einordnen, und weil er so ein unglaublich großes Herz hatte, auch nicht als Narzisst abtun.

Deshalb versuchte sie vorwärtszugehen, ohne zu begreifen, was hier wirklich geschehen war. Nach einer gewissen Zeit der Heilung beschloss sie, sich wieder zu öffnen, aber nichts geschah. Sie begegnete keinem anderen Mann, der an mehr als etwas Unverbindlichem interessiert war, und fühlte sich auch von niemandem körperlich angezogen.

Ein Jahr nachdem sie sich getrennt hatten, kehrte Nick zu ihr zurück.

Er entschuldigte sich und präsentierte ihr einen Plan – sowohl, was seine eigene Zukunft anging, als auch die mit Tanya, die er sich erhoffte. Nick hatte begriffen, dass er aus reiner Bequemlichkeit in die vermeintliche Sicherheit mit seiner Ex-Partnerin geflüchtet war, obwohl sie seine Bedürfnisse kaum erfüllte. In der Zeit ihrer Trennung hatte er gemerkt, dass er noch an sich zu arbeiten hatte: an seinem Selbstvertrauen und an der Heilung einiger seiner Wunden in Bezug auf Liebe und Selbstwertgefühl.

Diesmal ließen sie es langsam angehen, sie machten einiges anders und redeten ehrlich über ihre Bedürfnisse. Und auch wenn keiner von ihnen die Zeit der Trennung noch einmal erleben möchte, glauben beide, dass sie dazu da war, umfassendere Heilung zu ermöglichen.

Die Zeit ist das genaueste Barometer, um zu zeigen, welcher Art deine Verbindung ist, denn auch Zwillingsflammen treffen nicht immer die richtige Entscheidung. Manchmal muss unsere ewige Liebe einen Umweg machen. In solchen Situationen geht es allerdings nicht darum, sich aufzuopfern und den anderen in Ordnung zu bringen. Es geht nicht darum, einfach das zu nehmen, was uns angeboten wird, sondern darum, unsere Grenzen aufrechtzuerhalten und zu realisieren, was uns zusteht.

Es geht darum, unsere Wirklichkeit in diesem Moment anzunehmen.

Mit unserer Zwillingsflamme können wir es nicht vermasseln. Wir können den Menschen nicht verlieren, der dazu bestimmt ist, unsere ewige Liebe zu sein. Deshalb bleibt uns in solchen Momenten, wenn unsere Welt völlig aus den Fugen geraten ist und nichts mehr Sinn ergibt, nichts anderes übrig, als weiterzuleben. Dem Universum zu vertrauen und zu glauben, dass alles – die Trennungszeiten eingeschlossen – aus einem bestimmten Grund geschieht, auch wenn wir ihn noch nicht verstehen. Wir können durchaus auch in anderen Verbindungen wachsen, aber bei unserer Zwillingsflamme erleben wir eine Intensität und eine Tiefe, denen niemand sonst gerecht werden kann.

Es gibt keine Liebe für alle Größen.

Und deshalb lernen wir, uns dieser Liebe nicht nur zu ergeben, sondern sie auch anzunehmen, sie zu akzeptieren, nicht weil wir fehlende Teile ersetzen müssen, sondern weil wir gemerkt haben, dass von Anfang gar kein Mangel da war. Die einzigen Hindernisse waren die, die wir uns selbst in den Weg gelegt hatten.

Der oder die Eine

Manchmal finden wir heraus, dass der – respektive die – *Eine*, nach dem wir gesucht haben, wir selbst sind.

Diese Liebe zeigt uns, dass wir nie nach *dem Einen* gesucht haben, sondern auf der Reise waren, um für uns selbst *die Eine* zu werden, sodass wir uns einem anderen schließlich als diejenige präsentieren können. Nicht weil wir Übermenschen sind, die niemand anderen brauchen, sondern weil unser bestes Selbst zu sein bedeutet, dass es noch immer *Work in Progress* ist. Es bedeutet, zu verstehen, dass wir erst uns selbst lieben und verzeihen müssen, bevor wir es einem Partner erlauben können.

Somit geht es bei alledem vielleicht gar nicht darum, unsere ewige Liebe zu finden, sondern darum, zu lernen, wie wir sie annehmen können. Die Liebe findet uns. Unsere Zwillingsflamme findet uns – meistens genau dann, wenn es uns gar nicht passt. Magie findet uns, aber auch die Wirklichkeit. Die guten Zeiten finden uns ebenso wie die schlechten. Und die Zweifel. Am Ende aber auch das Vertrauen.

Bei unserer dritten Liebe besteht die Lektion darin, zu begreifen, dass sich die Liebe, die wir tief im Inneren empfinden, nicht nur daraus speist, dass wir uns unter dem sommerlichen Sternenhimmel an unsere Zwillingsflamme kuscheln oder unter der Dusche aneinanderschmiegen. Unsere Zwillingsflamme hat uns wachgerüttelt, damit wir den tiefen Brunnen der Selbstliebe entdecken und ausschöpfen können oder es zumindest gerade lernen.

Unsere dritte Liebe bedeutet uns so viel, weil sie uns nicht nur hilft, unser bestes Selbst zu werden, sondern uns auch lehrt, uns selbst zu lieben.

Nicht unbedingt, weil es der beste Partner war, sondern weil wir mit ihm zu unserer besten Version geworden sind.

Dass diese Beziehung sich nicht nur so intensiv anfühlt, sondern auch dauerhaft ist, liegt daran, dass wir in der Zwillingsflammenbeziehung endlich erkennen, dass uns nie etwas gefehlt hat. Wir waren nie unvollständig, wir haben uns nie in dem Gefühl getäuscht, dass wir für ein anderes Leben bestimmt waren, oder in dem Glauben an eine Liebe, die weitaus erfüllender ist als jede Kinoromanze.

Ja, unsere Zwillingsflamme fühlt sich tatsächlich an wie der *Eine,* aber das tun wir auch.

Sobald beide Zwillinge diese Selbstliebe entwickeln und offen genug sind, sie von ihrem Partner anzunehmen, beginnt daher in vielerlei Hinsicht eine neue Reise, auf der wir lernen, tatsächlich zu einem *Wir* zu werden.

Trotz all der Hochs und Tiefs, der Herausforderungen und Prüfungen ist es das zugrunde liegende Gefühl bedingungsloser Liebe, das uns stets mit unserer dritten Liebe verbunden hat. Es verdankt sich keinem Stück Papier, keiner Verpflichtung, das Richtige zu tun, oder irgendetwas anderem, dass wir zurückgekehrt sind (oder endlich erkannt haben, dass keiner den anderen jemals verlassen hat). Es lag immer einzig und allein an der Liebe.

Dies ist der Beginn eines lebenslangen Abenteuers, in dem wir wachsen und lernen, vor allem aber lieben.

EPILOG

Man weiß nie, wann man der Liebe begegnet

Wir alle sehnen uns danach, uns nicht einfach nur zu verlieben,
 sondern Teil dieser »Einmal im Leben«-Liebesgeschichte zu sein. Keine von uns möchte als durchschnittlich gelten oder denken, sie habe eine ganz normale Beziehung. Wir alle wollen anders sein. Wir wünschen uns die Gewissheit, etwas Einzigartiges ganz für uns allein zu haben, denn dann spüren wir auch mehr Geborgenheit und Verbundenheit.

Würden wir Liebe lediglich für eine praktische Angelegenheit halten, die jeder praktiziert, wären Heirat oder Beziehung kaum mehr als ein Vertrag, den wir auf der gestrichelten Linie unterschreiben. Für manche ist das in diesem Leben vielleicht der für sie bestimmte Weg. Aber auch dann frage ich mich, warum.

Warum sollten wir nicht glauben, dass wir am Ende alle bei dem einen Menschen auf dieser Welt landen, mit dem wir gemeinsam erschaffen wurden? Warum ist es so Furcht einflößend oder unmöglich, an den einen Menschen zu glauben, der besser zu uns passt als alle anderen?

Es scheint, als ob wir in eine Gesellschaft voller blindem Skeptizismus hineingeboren werden. Dabei spielt es keine Rolle, ob wir als kleine Mädchen mit unseren besten Freundinnen Hochzeit gespielt und andächtig »Ja, ich will« unter dem Schleier geflüstert haben. Oder dass man uns, als wir älter wurden, belächelte, wenn wir glaubten, Liebe würde so aussehen.

Genau hier müssen wir innehalten.

Denn wer hat dir erzählt, dass Liebe nicht verdammt aufregend sein soll?

Und warum, um alles in der Welt, hast du diesen Menschen irgendwann geglaubt?

Mir ist klar, dass du ein ganzes Leben gebraucht hast, um an diesen Punkt zu gelangen. Vielleicht liest du diese Worte mit Tränen in den Augen, weil du dich gefragt hast, ob du diese eine Sache, an die du immer geglaubt hast, jemals bekommen wirst – Liebe.

Lass mich hier etwas richtigstellen: Du willst nicht einfach nur Liebe. Sondern das Gesamtpaket. Du willst den Krieger, der leidenschaftlich, sanft, sensibel, loyal und lustig ist und der sich nicht auf und davon macht, wenn er dich eines Morgens zum ersten Mal ziemlich derangiert sieht. Du willst Abenteuer und Zeiten, in denen du unter dem Mitternachtsmond über die Weltmeere segelst.

Du willst dich verstanden fühlen.

Doch mehr als alles andere willst du vielleicht einfach nie denken müssen, in Sachen Liebe einen Fehler gemacht zu haben.

Wir alle mögen es, recht zu haben. Doch es kommt der Zeitpunkt, an dem dieses Bedürfnis ähnlich destruktiv ist, wie sich eine Schlinge um den Hals zu legen, zuzuziehen und zu hoffen, dass man weiteratmen kann. Du kannst recht haben oder verliebt sein. So einfach ist das. Das, was wir von der Liebe erwarten, ändert sich. Und das ist nicht nur gut so, sondern wunderbar, weil wir einen Seelengefährten suchen und nicht bloß einen Lebensgefährten.

Wir wollen nicht Hackbraten am Mittwoch und Sex am Freitag. Wir wollen ein Leben voller atemberaubender Möglichkeiten, in dem unsere Liebe für etwas Größeres steht als für die Option, sich fortzupflanzen oder sich in eine andere, bereits vorgegebene Schablone einzufügen. Wir geben uns nicht mehr zufrieden mit rein zweckmäßigen Verbindungen, die bestimmten Idealen unserer Familie oder der Gesellschaft scheinbar gerecht werden.

Das ist fantastisch, weil wir dazu inspiriert werden sollten, unsere eigene Art der Liebe zu finden.

Also lieben wir. Und lieben wieder. Und wieder. Wir lieben, bis wir unserer Zwillingsflamme begegnen.

Wir geben anderen Chancen und lernen unterwegs. Für diese Sehnsucht nach mehr geben wir unser Bestes, und auf unserem Weg verstehen wir allmählich, dass die Märchenliebe gar nicht existiert. Es gibt weder den perfekten Menschen noch die perfekte Beziehung, dafür aber die Liebe an sich, die immer perfekt sein wird.

Während dieser Reise verabschieden wir uns von der Idee, dass es Richtige und Falsche gibt. Wir hören auf, Liebhaber zu vergleichen, weil wir begreifen, dass keiner besser ist als der andere. Wir erkennen, dass es eine sich langsam entwickelnde Beziehung stärker beeinflusst, wer wir in dem Moment sind, als wer die andere Person ist. Wir begreifen, dass es uns zu den Menschen hinziehen wird, die uns Lektionen erteilen sollen, und dass wir das manifestieren werden, wovor wir uns fürchten oder wonach wir uns sehnen, abhängig von dem, was wir ausstrahlen.

Doch am Ende von allem ist Liebe einfach nur Liebe.

Es ist das unbeschreibliche Gefühl tiefer Bewunderung für jemanden. Durch die Herausforderungen, denen wir uns stellen, und die Freuden, die wir erleben, realisieren wir allmählich, dass wir uns erst in uns selbst verlieben müssen, um die ewige Liebe anzuziehen. Deshalb nehmen wir Muster und Zyklen wahr. Wir trauen uns, andere Entscheidungen zu treffen, und erhalten so allmählich das, was wir uns erhoffen.

Denn auch wenn eine Liebe nicht besser ist als eine andere, wird es eine Person geben, die uns – wie ein ins Schloss passender Schlüssel – zu öffnen vermag wie niemals jemand zuvor oder danach. Wir werden begreifen, dass es unmöglich ist, zweimal auf die gleiche Art zu lieben, und mit diesem Verständnis und dem entsprechenden Verhalten wird sich die Liebe ebenfalls verändern.

Wir werden nie wieder jemanden so lieben wie unseren süßen Seelenpartner und nie mehr in so abhängig machende Liebeszyklen geraten wie mit unserem karmischen Partner. Vielleicht haben wir drei Seelenpartner oder nur einen. Vielleicht haben wir zehn karmische Partner, bevor wir unsere Lektionen lernen, oder nur zwei. Aber es wird einen geben. Eine Person. Einen Geliebten, der uns und unsere Art zu lieben, für immer verändert – unabhängig davon, wie wir ihn nennen oder betiteln, ob wir ihn heiraten oder nicht.

Ein Mensch, der unsere Zwillingsflamme ist und die Beziehung zu uns selbst für immer verändert.

Es wird eine Person geben, die uns so liebt, wie wir es uns immer gewünscht haben – genau, wie wir es bei uns selbst lernen mussten. Es ist derselbe, der unseren Schutzwall einreißt und uns dazu bringt, alles infrage zu stellen;

derjenige, der uns die Augen für eine Welt öffnet, von deren Existenz wir nichts geahnt haben.

Wir können denjenigen unsere Zwillingsflamme nennen, aber in Wahrheit ist er einfach er selbst: ein ganz normaler Mensch, der gelernt hat, auf außergewöhnliche Weise zu lieben. Er ist einzigartig, vollständig und über jede Definition erhaben. Nicht weil er Superkräfte besitzt, sondern weil er geblieben ist, als er hätte gehen können, weil er es weiter versucht hat, als er hätte aufgeben können, und weil er geliebt hat, als es in jeder Hinsicht unmöglich schien.

Er hat uns dabei geholfen, mehr wir selbst zu werden, mehr die Person, die wir sein sollen. Die, die immer schon da war, die wir aber nicht zu fassen bekamen. Er war dazu bestimmt, uns wachzurütteln für die Möglichkeiten außerhalb des Realitätsbereichs, und er hat uns gezeigt, dass wir, um uns zu lieben, nicht anderes tun mussten, als uns genau so zu akzeptieren, wie wir bereits waren – so, wie er es auch getan hat.

Es ist die Reise, auf der wir unsere ewige Liebe finden, die immer schon bei uns war und es auch bleiben wird. Auf der wir lernen, dass wir sein müssen, wer wir wirklich sind, dass wir uns zu uns selbst und unserer Wahrheit bekennen müssen, bevor wir im Verbund mit jemand anderem leben können. Aber es geht auch darum, zu verstehen und zu akzeptieren, dass dieser Prozess unsere Menschlichkeit enthüllt. Wir werden die Person verletzen, der wir sagen, dass wir sie lieben. Wir werden Fehler machen und es noch einmal versuchen. Weil es Liebe ist.

Und sie ist es immer wert. Liebe ist alles wert.

Dies ist nicht nur die Reise zur Liebe, sondern auch zu der Erkenntnis, was Liebe nicht ist. Es ist nicht mehr notwendig, sich in Beziehungen mit jemandem zu verstricken, der emotional unzugänglich ist oder Spielchen mit uns treibt. Wir wissen, dass wir mehr verdient haben als kurzlebige Affären, und dass wir anfangen müssen, die entsprechenden Entscheidungen zu treffen, um wirklich das anzuziehen, was wir wollen.

Doch es geht auch darum, nie aufzugeben. Uns niemals aufzuopfern und uns keinesfalls von unserem Ego oder Stolz von dem abhalten zu lassen, was das Allerwichtigste ist: zu lieben.

Liebesgeschichten verlaufen nicht linear. Vielleicht erkennen wir mit der Zeit, dass die Person, die wir für unseren karmischen Partner gehalten haben, ein Seelenpartner war. Vielleicht kommt uns unser Seelenpartner wie unsere Zwillingsflamme vor oder unsere Zwillingsflamme ähnelt manchmal einer karmischen Liebe. Vielleicht drehen wir uns im Kreis bei dem Versuch herauszufinden, was jemand ist oder wozu er in unser Leben gekommen ist, anstatt ihn einfach zu lieben und abzuwarten, wohin uns die Reise führt, und nicht zu denken, dass die Reise mit einer Trennung enden soll oder mit einem geflüsterten »Ja, ich will« unter dem Sternenhimmel.

Es geht darum, zu lernen, dass niemand außer uns weiß, was wir benötigen, dass das Wichtigste nicht das ist, was man Liebe nennt, sondern was Liebe für uns ist. Es geht darum, zu akzeptieren, dass es zur Reise dazugehört, etwas nicht zu wissen, und dass wir zwar hoffen können, alles durchdacht zu haben, das Leben uns aber auch zeigen kann, dass wir uns komplett geirrt haben. Es geht aber auch darum, unseren Irrtum zu akzeptieren, darum, zu vertrauen, dass wir nicht nur unsere Bestimmung erfahren, sondern auch, was wir dafür brauchen – und, vor allem, dass wir immer genau dort landen werden, wohin unsere Bestimmung uns führt.

Und mit wem.

Liebe ist magisch. Sie ist unbeschreiblich, sie steht für Küsse im Mondlicht und Küsse, die sich am Rand der Zeit zu verlieren scheinen. Aber sie steht auch für schwierige Tage und verweinte Gesichter. Sie steht dafür, nicht zu wissen, wohin man gehen soll, aber darauf zu vertrauen, dass man auf dem richtigen Weg ist. Sie steht für Vergebung. Und nochmals Vergebung. Vergebung uns selbst gegenüber. Unserem Partner und dafür, es einfach nicht besser zu können, auch wenn wir es uns so gewünscht und gern versucht hätten.

Sie steht dafür, nicht aufzugeben, aber auch dafür, etwas Aussichtsloses zu akzeptieren. Sie steht für Vertrauen, noch mal Vertrauen und vor allem für den Glauben, dass die Person, der wir uns geöffnet haben, sich bemühen wird, uns nicht zu betrügen, und dann wieder für Vergebung, wenn sie es doch tut.

Unsere ewige Liebe zu finden bedeutet, zu lernen, uns in unserem Singledasein wohlzufühlen, mit uns selbst auszugehen und Wochenendtrips mit Freundinnen zu genießen, dabei mit süßen Typen zu flirten und mehr Martini als Wasser zu trinken. Es bedeutet, allein ins Bett zu gehen, weil wir es vorziehen, ohne Reue aufzuwachen.

Es bedeutet, zu lernen, dass es nicht unsere Aufgabe ist, unsere Eltern zufriedenzustellen. Wir sind nicht dazu verpflichtet, uns der Gesellschaft anzupassen oder irgendeinen Lebensplan zu erfüllen. Es ist in Ordnung, anders zu sein. Etwas zu wollen, wonach sich niemand sonst zu sehnen scheint. Es bedeutet, unsere Stärken kennenzulernen und zuzugeben, wenn wir uns getäuscht haben, weil wir an einem viel besseren Ort gelandet sind, als wir dachten. Und vor allem bedeutet es, jeden Morgen in der Bereitschaft aufzuwachen, es erneut zu versuchen.

In der Liebe geht es darum, sich nicht zu verschließen, auch wenn es noch so schmerzt. Es geht nicht darum, sich zu schützen und zu sabotieren, nur um andere auf Distanz zu halten. Und auch nicht darum, sein Herz aus Angst vor neuen Verletzungen in einen Käfig zu sperren. Es geht darum, sein Herz zu öffnen, statt zu glauben, dass die Liebe nie mehr zurückkommt. Auf der Reise zu unserer ewigen Liebe geht es darum, zu verstehen, dass Schmerz ein Teil des Prozesses ist. Wir müssen uns weit öffnen, um mehr Liebe hereinzulassen. Beziehungen müssen scheitern, damit wir lernen können, was wir beim nächsten Mal lassen sollen. Und manchmal müssen wir den, der weggelaufen ist, tatsächlich gehen lassen, um zu erkennen, dass wir nicht ohne ihn leben wollen.

Es geht hier darum, die idiotische Überzeugung aufzugeben, dass wir hart sein müssen. Dass wir Gefühle nicht verstehen oder zu emotional rüberkommen. Es geht darum, alles aufzugeben, was die Welt uns zu sein oder zu tun vorschreibt, um einen Partner anzuziehen, und zu realisieren, dass es dem, der dich ewig lieben wird, egal ist, ob dein Haaransatz dunkel nachwächst oder du einen gigantischen Pickel am Kinn hast. Es bedeutet, zu erkennen, dass wir chaotisch sind, dass das Leben chaotisch ist und die Liebe sowieso, und es trotzdem zu wagen.

Wir wagen den Versuch, denn egal, wie oft uns die Liebe zu Boden zwingt: Es wird eine Zeit kommen, in der sie uns die Hand reicht, um uns aufzuhelfen.

Eine Zeit, in der wir allein durch eine fremde Stadt spazieren und zufällig in jemanden hineinlaufen, der gerade aus einem Taxi steigt und nun unsere Welt auf den Kopf stellt. Oder in der wir den Träumen über unseren Ex nachgeben und uns bei ihm melden, nur um herauszufinden, dass er ebenfalls von uns geträumt hat. Die Zeit wird kommen, wenn es so weit ist. Und sie wird wiederkommen. Zum ersten oder auch zum x-ten Mal.

Aber sie wird wiederkommen.

Denn diese ganze Suche nach Liebe ist keine Wissenschaft. Es geht nicht darum, sie zu messen, sondern aus ihr zu lernen. Offen für sie zu bleiben. An sie zu glauben. An sich selbst und an diese Reise. Es geht um die Bereitschaft, sich nicht in einer Beziehung zu verlieren, aber sich auch nicht zurückzuhalten. Es geht darum, zu verstehen, dass wir nichts persönlich nehmen dürfen und dass jemand, der Nein sagt, nicht Nein *zu uns* sagt. Es geht darum, so tief in der Liebe zu uns selbst zu schwelgen, dass wir erkennen, dass wir sie nie entbehren werden.

Je intensiver wir uns selbst lieben, desto weniger mangelt es uns an Liebe, auch wenn wir Singles sind.

Wir beginnen, andere Entscheidungen zu treffen, und hören auf, Dinge zu überstürzen. Zu planen. Zu glauben, dass wir alles wüssten, oder es auch nur vorzugeben. Wir zerreißen unsere Notfallpläne und löschen unsere Dating-Apps, weil uns klar ist, dass wir nicht mit irgendjemandem ins Bett gehen wollen, sondern für jemand Bestimmten aufwachen.

Es geht darum, zu akzeptieren, dass wir alles wollen, weil wir uns selbst zuvor alles gegeben haben. Wir haben gelernt, uns Liebe und Akzeptanz zu schenken. Wir haben gelernt, dass wir Atemberaubendes verdient haben, einfach deshalb, weil wir selbst atemberaubend sind. Wir akzeptieren, dass wir Unabhängigkeit *und* Gesellschaft wollen. Wir wollen Zeit für uns *und* für jemanden, mit dem wir das Bett teilen. Wir wollen wild und frei durch diese großartige, weite und schöne Welt rennen, *und* wir wollen, dass uns zu Hause jemand anfeuert und zujubelt.

Auf dieser Reise geht es nicht nur darum herauszufinden, wer wir sind oder was Liebe ist, sondern auch darum, was für eine Liebe wir brauchen, um unser bestes Selbst zu werden, um uns zu dieser Version von uns weiterzuentwickeln, die wir nie mehr aufgeben werden. Und so kommen wir tatsächlich an den Punkt, an dem wir der Liebe und den Beziehungen Vorrang einräumen. Wir hören auf, nach Liebe zu suchen. Wir hören auf nachzuhelfen. Wir hören auf, jemandem klarmachen zu wollen, wer wir sind oder was wir gemein haben. Wir hören auf, zu glauben, dass wir alles in der Hand hätten, und fangen an, einfach zu sein. In Liebe zu existieren, weil wir Liebe sind. Wir lieben uns, und wir lieben die Möglichkeit dessen, was kommen wird, auch wenn wir keine Ahnung haben, was das ist.

Und wir finden das in Ordnung. Wir schließen unseren Frieden damit.

Das ist der Moment, der alles verändert.

Das ist der Moment, in dem wir der Liebe erneut begegnen und realisieren, dass sie sich niemals erzwingen oder überreden lässt und dass wir nie ohne sie waren. Stattdessen waren wir die ganze Zeit auf der Reise zu ihr.

Eine Reise, auf der wir zulassen, dass die Zwillingsflamme uns findet, und bereit für sie sind, wenn es so weit ist.

DANK

Ich kann nicht über meine Reise des Schreibens sprechen, ohne das »Elephant Journal« zu erwähnen. Danke, dass du als erste Onlineplattform meine Worte veröffentlicht hast, und danke an Ashleigh Jai Hitchcock, die mir als meine erste Lektorin geholfen hat, eine bessere Autorin zu werden. Dem Autor Matthew Kelly bin ich auf ewig dankbar dafür, dass er mich kontaktiert hat, nachdem er meine Beiträge im »Elephant Journal« gelesen hat: Er hat mich dazu motiviert, mein erstes Buch zu schreiben. Seine Ermutigung und Hilfe in dieser Zeit sowie die Vermittlung an den fantastischen Agenten Joseph Durepos haben mein Leben für immer verändert und dieses Buch möglich gemacht – danke. Danke auch an Sara Carder, Rachel Ayotte und alle Mitarbeiter*innen von TacherPerigee, dass ihr an mich geglaubt und das Potenzial dieses Buchs erkannt habt. Dass es nun vor mir liegt, verdankt sich eurer Unterstützung, Arbeit und Beratung. Zu guter Letzt danke ich meiner Familie: meinen Töchtern dafür, dass sie *Cereals* zum Abendessen akzeptiert haben, wenn Mama vor lauter Schreiben zu nichts anderem gekommen ist; und meinen Eltern, ohne deren Hilfe beim Betreuen meiner Mädchen dieses Buch niemals fertig geworden wäre. Ich bin euch allen unendlich dankbar. Vielen Dank.

ÜBER DIE AUTORIN

KATE ROSE hat ihren Bachelor of Arts in Kunstpädagogik an der Mount Mary University sowie einen Master of Science in Kunsttherapie am Springfield College absolviert, während sie ehrenamtlich bei *AmeriCorps* ein innerstädtisches Jugendprogramm leitete. Vor ihrer Karriere als Schriftstellerin und Erwachsenenberaterin arbeitete sie über zehn Jahre als Kunsttherapeutin für Kinder mit sozialen oder emotionalen Störungen.

Kate veröffentlichte mehr als tausend Artikel zu den Themen Liebe, Beziehungen, Familie, Elternschaft, Scheidung, Sex, Astrologie und Zwillingsflammen auf zahlreichen Onlineplattformen, darunter »Elephant Journal« und »YourTango«. Parallel dazu hat sie eine internationale, auf Selbstliebe und Beziehungen spezialisierte private Coaching-Praxis aufgebaut und leitet weltweit *Women's Empowerment Retreats*. Sie lebt mit ihren beiden Töchtern Emma und Abigail und drei Katzen in den Hidden Hills in Massachusetts. Manchmal kann man sie dort im Regen tanzend antreffen oder auch bei einer spontanen *Tea Party* zum Sonnenuntergang. Meistens aber schaffen sie sich einfach so viele Erinnerungen, wie sie können, und genießen ihr Leben jeden Tag in vollen Zügen.